Volver a empezar: El arte de reinventarse

Volver a empezar: El arte de reinventarse

While every precaution has been taken in the preparation of this book, the publisher assumes no responsibility for errors or omissions, or for damages resulting from the use of the information contained herein.

VOLVER A EMPEZAR; EL ARTE DE REINVENTARSE

First edition. November 2, 2023.

Copyright © 2023 Gonzalo Estrada.

ISBN: 979-8224266302

Written by Gonzalo Estrada.

Tabla de Contenido

Contenido

Capítulo 1: Aceptando el cambio

Aprender a aceptar el cambio es el inicio del proceso de reinventarse y encontrar un camino nuevo y significativo en la vida. Todos experimentamos momentos en los que nos sentimos atrapados en la monotonía rutinaria, sin saber qué hacer o cómo avanzar. Sin embargo, es en esos momentos de incertidumbre donde se encuentra la oportunidad de transformación personal.

El cambio puede ser aterrador, ya que nos enfrenta a lo desconocido y nos obliga a abandonar la comodidad de la familiaridad. Pero, paradójicamente, también es un territorio fértil para el crecimiento y la autorrealización. Al aceptar el cambio, nos abrimos a nuevas perspectivas, posibilidades y experiencias en nuestro viaje hacia la reconstrucción de nuestras vidas.

En nuestra sociedad actual, la resistencia al cambio se ha vuelto una respuesta común. Nos aferramos a lo conocido, incluso cuando hay señales claras de que lo que estamos haciendo no nos brinda satisfacción o felicidad. Pero, ¿por qué tememos tanto a los cambios? ¿Qué nos impide abrazarlos con valentía y optimismo?

El miedo al fracaso es uno de los principales obstáculos para aceptar el cambio. Nos preocupa lo que podríamos perder, cómo podríamos equivocarnos o hasta dónde podríamos caer. Pero lo cierto es que el fracaso no es el fin, sino una oportunidad de aprendizaje y crecimiento. Cuando nos damos permiso para cometer errores y aprender de ellos, nos liberamos de las cadenas del miedo y nos aproximamos a la posibilidad de reinventarnos.

Otro factor que nos detiene es la aversión a salir de nuestra zona de confort. Nos acostumbramos a la seguridad y a la estabilidad de lo conocido, aunque eso signifique renunciar a nuestros sueños y aspiraciones. Sin embargo, al mantenernos en esa zona, nos privamos de las emociones y experiencias que enriquecen nuestra existencia. Es necesario adentrarse en lo desconocido, explorar nuevas oportunidades y desafiar los límites autoimpuestos.

Aceptar el cambio implica un acto de valentía y confianza en uno mismo. Requiere enfrentar los miedos y las inseguridades, pero también reconectarse con nuestras pasiones y anhelos más profundos. Es en ese proceso de autodescubrimiento donde encontraremos el propósito y la dirección que nos guiarán en nuestro nuevo camino.

No obstante, es importante recordar que aceptar el cambio no significa desvalorizar el pasado u olvidar nuestras experiencias previas. Todo lo contrario, es en la integración de nuestras vivencias y aprendizajes donde encontramos el sustento para avanzar. La aceptación implica reconocer que cada capítulo de nuestra vida tiene un propósito y que todos ellos contribuyen a la persona en la que nos estamos convirtiendo.

En este primer tramo de nuestro libro, hemos explorado la importancia de aprender a aceptar el cambio como el inicio del proceso de reinventarnos. Hemos reflexionado sobre los miedos y las barreras que nos impiden abrazar nuevas oportunidades y hemos descubierto que es necesario liberarnos de esas ataduras para encontrar la plenitud y la realización personal.

Continuaremos adentrándonos en esta apasionante travesía en la segunda parte del capítulo, donde exploraremos herramientas y estrategias para enfrentar el cambio con determinación y valentía. Pero por ahora, les invitamos a reflexionar sobre su relación con el cambio y cómo podrían dar ese primer paso hacia la reinventarse y encontrar su propio camino.

Recuerden, el cambio es el lienzo en blanco donde podemos escribir nuestras historias más apasionantes y significativas. No teman al cambio, abrácenlo y descubrirán el poder transformador que reside en cada uno de ustedes. Es hora de llevar a cabo una reflexión profunda y sincera sobre nuestro enfoque hacia el cambio y cómo podemos dar el primer paso hacia la reinventarse y encontrar nuestro propio camino. Todos enfrentamos momentos en los que nos sentimos estancados y desesperados, pero es en esos momentos donde reside la oportunidad de transformación personal y crecimiento.

Para comenzar este viaje de autodescubrimiento, es importante reconocer y aceptar nuestras emociones. El cambio puede despertar miedos, inseguridades y dudas en nosotros. Es normal sentirnos abrumados o incluso temerosos de lo desconocido. Sin embargo, no debemos permitir que estas emociones nos controlen. Tenemos que aprender a reconocerlas, enfrentarlas y superarlas para poder avanzar hacia un futuro más brillante y significativo.

Una herramienta poderosa para enfrentar el cambio es la visualización. Tomemos un momento para cerrar los ojos e imaginar la persona que queremos ser y la vida que queremos vivir. Visualicemos nuestros sueños y aspiraciones, sintiéndonos realmente conectados con ellos. Este ejercicio nos ayudará a establecer metas claras y a encontrar la motivación necesaria para dar el primer paso hacia la reinventarse.

A medida que nos adentramos en el proceso de cambio, también es importante rodearnos de un sistema de apoyo sólido. Busquemos a personas que nos inspiren y nos animen en nuestro camino. Compartamos nuestros deseos y aspiraciones con aquellos en quienes confiamos. Estas personas pueden actuar como guías, brindándonos consejos y ánimo cuando más los necesitemos.

Además, podemos buscar el apoyo de profesionales en el campo del desarrollo personal y la reinventarse. Coaches, terapeutas o mentores pueden ofrecernos herramientas específicas y estrategias para enfrentar los desafíos del cambio y guiarnos en nuestro proceso de autodescubrimiento.

A medida que avanzamos en nuestra búsqueda de reinventarse, es fundamental cultivar el amor propio y la autocompasión. Reconozcamos que el cambio no es un proceso lineal y que habrá momentos de retroceso y desafío. Sepamos que está bien equivocarnos y cometer errores en el camino, siempre y cuando aprendamos de ellos y sigamos adelante con determinación.

Finalmente, NUNCA subestimemos el poder del autocuidado. A medida que nos enfrentamos al cambio y navegamos por las aguas desconocidas de la reinventarse, es importante cuidar de nuestra mente, cuerpo y espíritu. Dediquemos tiempo para descansar, relajarnos y cuidar de nuestras necesidades básicas. Practiquemos actividades que nos brinden alegría y bienestar, como el ejercicio, la meditación o la conexión con la naturaleza.

En resumen, aceptar el cambio es un proceso que requiere valentía, determinación y autocompasión. Todos tenemos la capacidad de reinventarnos y encontrar un camino nuevo y significativo en la vida. No permitamos que el miedo y la resistencia nos detengan. Enfrentemos el cambio con coraje y optimismo, y descubriremos nuestra verdadera fuerza interior y el poder transformador que reside en nosotros.

Así que los invito a dar ese primer paso hacia la reinventarse y encontrar su propio camino. Reflexionen sobre cómo el cambio, aunque desafiante, puede abrirles puertas a oportunidades maravillosas y a un crecimiento personal inmenso. Confíen en sí mismos y abracen el cambio con entusiasmo. Recuerden, ustedes tienen el poder de escribir sus historias más apasionantes y significativas. ¡Adelante, valientes exploradores de la vida!

Capítulo 2: Reconociendo tus fortalezas

Explorar nuestras habilidades y capacidades nos permite descubrir nuestras fortalezas y utilizarlas para impulsar el proceso de reinventarnos. En ocasiones, en medio de un cambio o una transición en nuestra vida, podemos sentirnos perdidos y desorientados. Es en esos momentos cruciales cuando el reconocimiento de nuestras fortalezas se convierte en una herramienta valiosa para redirigir nuestro camino y encontrar un punto de partida sólido para volver a empezar.

Todos poseemos habilidades y capacidades únicas, y es fundamental tomar el tiempo necesario para reflexionar sobre ellas y descubrirlas. A menudo, nos enfocamos en nuestras debilidades y nos sentimos limitados por lo que no sabemos hacer, en lugar de reconocer y valorar lo que sí podemos hacer. Sin embargo, es esencial cambiar este enfoque negativo y dirigir nuestra atención hacia nuestras fortalezas.

Al explorar nuestras habilidades, podemos descubrir talentos ocultos y pasiones que nos mueven. La autoexploración nos brinda la oportunidad de conectarnos con nuestras capacidades innatas, aquellas actividades en las que nos sentimos naturalmente competentes y que nos resultan gratificantes. Estas habilidades pueden variar desde la habilidad para comunicarnos eficazmente hasta la capacidad para resolver problemas de manera creativa. Reconocer estas fortalezas nos ofrece una base sólida desde la cual empezar a construir una nueva versión de nosotros mismos.

Además de las habilidades técnicas o intelectuales, es importante tener en cuenta nuestras habilidades emocionales. Nuestras fortalezas emocionales, como la empatía, la resiliencia o la capacidad de adaptación, son cruciales para afrontar los desafíos que se nos presentan en el proceso de reinventarnos. A menudo, subestimamos estas capacidades y no les damos el reconocimiento que merecen.

Una forma efectiva de reconocer nuestras fortalezas es reflexionar sobre nuestras experiencias pasadas. Mirar hacia atrás nos permite recordar momentos en los cuales nos sentimos realmente satisfechos con nuestro rendimiento o en los cuales nos destacamos en algún aspecto. Estos momentos pueden ser clave para identificar patrones y descubrir las habilidades que nos llevaron al éxito. Al reconocer y recordar nuestras fortalezas, comenzamos a generar confianza en nosotros mismos y a comprender que somos capaces de alcanzar nuestros objetivos.

Otro enfoque útil para reconocer nuestras fortalezas consiste en buscar el feedback de las personas que nos rodean. A veces, somos nosotros mismos quienes no vemos nuestras propias habilidades, pero aquellos que nos conocen pueden percibirlas claramente. Preguntar a amigos, familiares o colegas sobre nuestras fortalezas puede brindarnos una nueva perspectiva y facilitar el proceso de reconocimiento.

En resumen, explorar nuestras habilidades y capacidades nos permite descubrir nuestras fortalezas, tanto técnicas como emocionales. Estas fortalezas son la base sobre la cual construiremos nuestra nueva versión y nos reinventaremos. Al reflexionar sobre nuestras experiencias pasadas y buscar el feedback de personas cercanas, comenzamos a tener una imagen más clara de lo que somos capaces de lograr. En la segunda parte de este capítulo, exploraremos cómo utilizar nuestras fortalezas para impulsar el proceso de reinventarnos. En la segunda parte de este capítulo, aprenderemos cómo utilizar nuestras fortalezas para impulsar el proceso de reinventarnos. Reconocer nuestras fortalezas es solo el primer paso, ahora es el momento de ponernos en acción y aprovechar al máximo todo nuestro potencial.

Una forma efectiva de utilizar nuestras fortalezas es establecer metas claras y realistas. Al tener una dirección clara, podemos enfocar nuestras energías en aquellas áreas donde nuestras fortalezas se destacan. Por ejemplo, si tenemos una habilidad innata para la resolución de problemas, podemos establecer metas que impliquen desafíos que nos permitan utilizar esta habilidad al máximo.

Es importante recordar que el proceso de reinventarnos puede llevar tiempo y esfuerzo. Es posible que enfrentemos obstáculos y fracasos en el camino, pero nuestras fortalezas nos brindarán el impulso necesario para superarlos. Tener confianza en nuestras propias habilidades nos permitirá perseverar incluso cuando las cosas se pongan difíciles.

Además, debemos recordar que nuestras fortalezas pueden evolucionar con el tiempo. A medida que vamos adquiriendo nuevas experiencias y conocimientos, podemos desarrollar habilidades adicionales o fortalecer las que ya tenemos. No debemos limitarnos a lo que sabemos en este momento, siempre existe la posibilidad de crecer y mejorar.

Otro aspecto importante es rodearnos de personas que valoren y aprecien nuestras fortalezas. Buscar un círculo de apoyo sólido nos brindará motivación y nos recordará constantemente nuestras habilidades y capacidades. Estas personas pueden ser amigos, mentores o incluso grupos de apoyo que comparten nuestro interés en la reinventarse.

Además, podemos buscar oportunidades donde podamos utilizar nuestras fortalezas de manera significativa. Esto podría implicar buscar proyectos o trabajos que nos permitan aplicar nuestras habilidades y al mismo tiempo nos brinden satisfacción personal. Al trabajar en lo que somos buenos, encontraremos un mayor sentido de propósito y realización en nuestra vida.

Es fundamental no olvidar la importancia de mantenernos abiertos a nuevas oportunidades y experiencias. A veces, nuestras fortalezas pueden ser limitantes si nos aferramos a ellas y no estamos dispuestos a explorar otras áreas. Ser flexibles y estar dispuestos a aprender cosas nuevas nos permitirá expandir nuestras habilidades y encontrar nuevas formas de reinventarnos.

En conclusión, reconocer y utilizar nuestras fortalezas es esencial para el proceso de reinventarnos. Estas fortalezas nos proporcionan una base sólida desde la cual podemos establecer metas, superar obstáculos y encontrar nuestro propósito. Al rodearnos de personas que valoren nuestras habilidades y buscar oportunidades donde podamos utilizar nuestras fortalezas de manera significativa, estaremos en el camino hacia una nueva versión de nosotros mismos.

No te pierdas la siguiente parte de este capítulo, donde exploraremos cómo superar los obstáculos que puedan surgir en el proceso de reinventarnos y cómo utilizar nuestras fortalezas para alcanzar el éxito. Sigue adelante y confía en ti mismo, estás en el camino correcto hacia una vida completamente nueva y emocionante. ¡No hay límites para lo que puedes lograr!

Capítulo 3: Superando el miedo al fracaso

Afrontar el miedo al fracaso nos brinda la valentía necesaria para dar pasos hacia adelante y perseguir nuestros nuevos objetivos de vida. Este sentimiento, sin duda, puede ser paralizante y limitante, pero al aprender a enfrentarlo, descubriremos una fuerza interior que nos permitirá reinventarnos y alcanzar nuestras metas más ambiciosas.

El miedo al fracaso es una emoción común y profundamente arraigada en nuestro ser. Desde temprana edad, nos han enseñado a evitar los errores y a buscar siempre el éxito. Nos educan en una sociedad que valora los logros y castiga los fracasos. Entonces, naturalmente, el miedo a no alcanzar nuestras metas se convierte en una sombra que nos persigue constantemente.

Sin embargo, es importante reconocer que el fracaso es una parte inevitable del proceso de crecimiento y aprendizaje. Cada error, cada obstáculo superado, nos brinda la oportunidad de adquirir nuevas habilidades, conocimientos y perspectivas. Si cambiamos nuestra percepción del fracaso y lo vemos como un trampolín hacia el éxito en lugar de como un obstáculo infranqueable, podremos avanzar con valentía hacia nuestro camino de reinventarnos.

Es cierto, enfrentar el miedo al fracaso no es una tarea sencilla. Requiere de una dosis extra de coraje y determinación. Sin embargo, debemos recordar que el miedo, en última instancia, es solo una emoción. No define nuestra capacidad para triunfar ni nuestra valía como personas. Debemos aprender a separar nuestro valor personal de nuestros logros y fracasos.

Un método eficaz para superar el miedo al fracaso es desarrollar una mentalidad de crecimiento. En lugar de aferrarnos al miedo y las creencias limitantes, debemos enfocarnos en la posibilidad de crecer y aprender de cada experiencia, sea buena o mala. Cultivar una actitud de curiosidad y apertura nos permitirá experimentar el fracaso como una oportunidad de mejorar y evolucionar.

Asimismo, rodearnos de personas que nos apoyen en nuestro proceso de reinventarnos es fundamental. Contar con un sistema de apoyo nos brinda la confianza necesaria para enfrentar nuestros miedos y perseguir nuestros sueños. Buscar mentores, amigos y familiares que crean en nuestra capacidad de éxito y nos brinden ánimo y aliento cuando más lo necesitemos, es esencial.

Además, es importante recordar que los fracasos son solo una perspectiva momentánea en nuestro camino. No definen nuestra historia ni nuestro futuro. A menudo, los mayores logros vienen después de los mayores desafíos. Si nos permitimos aprender de nuestras caídas y nos levantamos nuevamente con determinación, descubriremos que cualquier meta puede ser alcanzada.

En resumen, la clave para superar el miedo al fracaso radica en enfrentarlo con valentía y determinación. Reconocer que el fracaso es un paso inevitable en nuestro camino hacia el éxito nos permitirá reinventarnos y perseguir nuestros sueños. Cultivar una mentalidad de crecimiento, rodearnos de personas positivas y mantener la confianza en nuestra capacidad para triunfar son elementos fundamentales en este proceso de transformación personal.

Continuará en la segunda parte del capítulo...En la segunda mitad de este capítulo, exploraremos algunas estrategias prácticas para superar el miedo al fracaso y reinventarnos con valentía. Estas herramientas nos ayudarán a enfrentar nuestros miedos y avanzar hacia una vida llena de propósito y éxito.

Una de las formas más efectivas de superar el miedo al fracaso es desafiar nuestras creencias limitantes. Muchas veces, nos percibimos a nosotros mismos como seres incapaces de alcanzar nuestras metas y soñamos pequeño por miedo a fallar. Pero ¿qué pasaría si nos permitimos pensar en grande y creer en nuestro potencial ilimitado?

Tómate un momento para reflexionar sobre tus creencias autoimpuestas. ¿Cuáles son las historias que te cuentas a ti mismo sobre tus capacidades? ¿Qué creencias te limitan? Una vez que identifiques estas creencias, trabaja en reemplazarlas con pensamientos más positivos y empoderadores. Afirmaciones como "Soy capaz de superar cualquier obstáculo" o "Mis fracasos son oportunidades de aprendizaje" pueden ayudarte a cambiar tu mentalidad y fortalecer tu confianza en ti mismo.

Además, es importante practicar la gratitud y el auto amor. A menudo, nos enfocamos en nuestros fracasos y defectos, lo que alimenta nuestro miedo al fracaso. En cambio, cultiva el hábito de reconocer tus logros, por pequeños que sean, y celébralos. Aprecia tus fortalezas y cualidades positivas, reconociendo que cada paso que das hacia adelante es un logro valioso.

Otra estrategia importante es establecer metas realistas y alcanzables. Si nos fijamos objetivos inalcanzables, es más probable que nos abrumemos y nos sintamos fracasados antes de siquiera intentarlo. En cambio, divide tus metas en pequeñas acciones y celebra cada paso hacia adelante. Esto te ayudará a mantener la motivación y el impulso a medida que avanzas hacia tus objetivos más grandes.

Además, no olvides el poder de la acción. A menudo, nos paralizamos por el miedo antes siquiera de intentar algo nuevo. La clave está en dar pequeños pasos cada día hacia tus metas, superando el miedo y la resistencia. Recuerda que cada acción, por pequeña que sea, te acerca un paso más hacia tu reinvento personal.

También es esencial rodearte de un entorno positivo y de personas que te apoyen en tu proceso de cambio. Busca mentores o modelos a seguir que te inspiren y te motiven a superar tus miedos. Rodéate de amigos y familiares que crean en tu capacidad para triunfar y te impulsen a seguir adelante cuando te sientas desanimado.

Por último, recuerda que el fracaso no es el fin, sino una oportunidad de aprendizaje. No te castigues por tus errores, sino que aprende de ellos y busca maneras de mejorar. El fracaso no define tu valía como persona, sino que demuestra tu coraje para intentar algo nuevo y enfrentar tus miedos.

En conclusión, superar el miedo al fracaso no es fácil, pero es completamente posible. Al desafiar nuestras creencias limitantes, practicar la gratitud y el auto amor, establecer metas realistas y rodearnos de un entorno de apoyo, podremos reinventarnos y perseguir nuestros sueños con valentía. Recuerda que eres capaz de enfrentar cualquier desafío y que cada paso hacia adelante te acerca más a la vida que deseas vivir. ¡No te detengas por el miedo, atrévete a volver a empezar!

Capítulo 4: Definiendo tus metas

El arte de reinventarse implica la capacidad de establecer metas claras y realistas. Al trazar un camino hacia la transformación personal, es fundamental tener en cuenta que las metas actúan como guías, manteniéndonos enfocados y motivados en todo momento. Sin embargo, en ocasiones, definir estas metas puede resultar un desafío.

Cuando buscamos reinventarnos, es común que nos sintamos abrumados por la incertidumbre y la falta de dirección. Puede parecer difícil determinar qué queremos lograr y cómo llegar allí. No obstante, la clave radica en entender que las metas no deben ser utópicas o inalcanzables, sino más bien realistas y alineadas con nuestras habilidades y recursos actuales.

El primer paso para definir metas claras es reflexionar sobre quiénes somos y qué deseamos realmente. Este proceso de autoexploración nos permitirá descubrir nuestras verdaderas pasiones, talentos y motivaciones internas. Es importante indagar en nuestro interior y escuchar atentamente nuestra voz interior. ¿Qué es aquello que realmente nos mueve y nos llena de entusiasmo?

Una vez que hemos conectado con nuestros deseos más profundos, es hora de traducirlos en metas específicas. Es fundamental que estas metas sean concretas y medibles, de manera que podamos evaluar nuestro progreso y realizar ajustes en el camino. Por ejemplo, en lugar de plantearnos la meta genérica de "mejorar mis habilidades", podemos especificar "asistir a dos cursos de capacitación en mi campo de interés durante los próximos seis meses".

Asimismo, es importante establecer un plazo para cada una de nuestras metas. De esta manera, evitaremos caer en la trampa de la procrastinación y nos comprometeremos a dar pasos hacia adelante de manera constante. Asignar fechas límites nos ayuda a darle prioridad a nuestras metas y a mantenernos enfocados en alcanzarlas en el tiempo establecido.

Un aspecto relevante a tener en cuenta al definir metas es considerar nuestra gratificación y bienestar a largo plazo. Si bien es válido desear resultados inmediatos, el proceso de reinventarse implica perseverancia y paciencia. La transformación personal requiere tiempo y esfuerzo, por lo que debemos estar dispuestos a sobrellevar los desafíos y obstáculos que puedan surgir en el camino.

Es fundamental comprender que el éxito personal no se construye de la noche a la mañana. Es un viaje lleno de altibajos, aprendizajes y crecimiento. Por esta razón, al definir nuestras metas, debemos ser realistas y considerar los recursos y las circunstancias en las que nos encontramos actualmente. Esto no significa que debamos conformarnos con menos de lo que merecemos, sino que debemos ser conscientes de nuestras limitaciones y adaptar nuestra visión a la realidad presente.

En resumen, establecer metas claras y realistas es esencial para mantenernos enfocados en nuestro proceso de reinventarnos y alcanzar el éxito personal. Reflexionar sobre nuestros deseos más profundos, traducirlos en metas concretas y medibles, asignarles plazos y tener en cuenta nuestra gratificación a largo plazo son pasos fundamentales en este camino. Recuerda, el arte de reinventarse requiere paciencia, perseverancia y una mentalidad abierta. Continúa leyendo para descubrir cómo transformar estas metas en acciones concretas que te acerquen cada vez más a tu versión más auténtica e inspirada. Una vez que hemos establecido metas claras y realistas, es crucial transformarlas en acciones concretas que nos acerquen cada vez más a nuestra versión más auténtica e inspirada. En esta segunda mitad del capítulo, exploraremos estrategias prácticas para hacer que nuestras metas se conviertan en una realidad palpable.

El primer paso para convertir las metas en acciones es dividir cada una de ellas en pasos más pequeños y manejables. Esto nos permitirá tener mayor claridad sobre las acciones específicas que debemos tomar para avanzar hacia nuestras metas. Por ejemplo, si nuestra meta es iniciar nuestro propio negocio, los pasos intermedios podrían incluir investigar sobre el mercado objetivo, desarrollar un plan de negocios y buscar financiación adecuada. Al dividir las metas en pasos más pequeños, evitamos sentirnos abrumados y nos enfocamos en tareas más alcanzables.

Además, es importante establecer un plan de acción detallado para cada paso intermedio. Este plan debe incluir los recursos necesarios, los plazos estimados y las personas o instituciones que pueden brindarnos apoyo. Al tener un plan claro y estructurado, aumentamos nuestras posibilidades de éxito y reducimos la incertidumbre.

A medida que avanzamos en el camino hacia nuestras metas, es fundamental mantenernos motivados y comprometidos. Una forma efectiva de hacerlo es celebrar los logros y los avances, por pequeños que sean. Reconocer nuestro progreso nos ayuda a mantener una mentalidad positiva y nos impulsa a seguir adelante. Además, rodearnos de personas que nos apoyen y nos inspiren puede ser una gran fuente de motivación. Unirse a grupos de apoyo o contar con un mentor pueden brindarnos el impulso adicional que necesitamos para alcanzar nuestras metas.

Sin embargo, es importante recordar que el camino hacia la transformación personal no siempre será lineal y sin obstáculos. Habrá momentos de dificultad y desafíos que pondrán a prueba nuestra determinación. En estos momentos, es fundamental mantener una mentalidad perseverante y aprender de los contratiempos. Los errores y fracasos son oportunidades de crecimiento y nos permiten ajustar nuestro enfoque y estrategias. Es esencial no dejarnos desanimar por los obstáculos, sino aprender de ellos y seguir adelante con determinación.

Asimismo, es importante ser flexibles y estar abiertos a adaptar nuestras metas y planes a medida que avanzamos en el proceso de reinventarnos. A medida que crecemos y evolucionamos, nuestras metas pueden cambiar y nuestras prioridades pueden ajustarse. No debemos apegarnos rígidamente a nuestras metas iniciales, sino estar dispuestos a revisarlas y adaptarlas según sea necesario.

Finalmente, es importante recordar que el proceso de reinventarse y alcanzar el éxito personal es un viaje continuo y en constante evolución. No hay un destino final definitivo, sino que se trata de un camino de aprendizaje y crecimiento constante. Es esencial estar dispuestos a abrazar el cambio y siempre buscar nuevas oportunidades de crecimiento y desarrollo.

En resumen, convertir nuestras metas en acciones requiere dividirlas en pasos más pequeños y manejables, establecer un plan de acción detallado, mantenernos motivados y comprometidos, aprender de los desafíos y estar abiertos a adaptar nuestras metas y planes. El arte de reinventarse implica perseverancia, flexibilidad y una mentalidad positiva. Continúa el camino hacia tu versión más auténtica e inspirada, y recuerda que cada acción que tomes te llevará más cerca de alcanzar tus metas y vivir la vida que deseas. ¡Adelante!

Capítulo 5: Cultivando relaciones positivas

El apoyo de personas positivas y constructivas puede tener un impacto significativo en nuestro proceso de reinventarnos, brindándonos motivación y ánimo. En momentos de cambio y transformación, rodearnos de aquellos que nos impulsan hacia adelante puede marcar la diferencia en nuestro camino hacia la reinvención.

Las relaciones que establecemos a lo largo de nuestra vida tienen el poder de influir en nuestra mentalidad y en cómo enfrentamos los desafíos que se presentan en nuestro camino. Cuando nos rodeamos de personas positivas y constructivas, encontramos aliento y fuerza en momentos de duda y dificultad.

Es crucial rodearnos de personas que crean en nosotros y en nuestras capacidades. Aquellos que nos llenan de energía positiva y nos animan a perseguir nuestros sueños, nos motivan a perseguir nuestra propia transformación. La presencia de estas personas en nuestras vidas refuerza la confianza en nosotros mismos y nos impulsa a superar los obstáculos que surgen cuando nos reinventamos.

Además del aliento y el apoyo, las relaciones positivas también nos ofrecen diferentes perspectivas y puntos de vista. Al interactuar con personas que tienen experiencias y opiniones diversas, ampliamos nuestra visión del mundo y exploramos nuevas posibilidades. Estas interacciones enriquecen nuestra forma de pensar y nos ayudan a descubrir nuevas formas de reinventarnos.

Es esencial recordar que no todas las relaciones son construidas de la misma manera. Debemos ser selectivos y conscientes al elegir a las personas con las que nos vinculamos en nuestra travesía de reinventarnos. No todas las amistades o vínculos son nutricios ni favorecen nuestro crecimiento personal.

Debemos evitar aquellos círculos sociales que nos limitan o nos frenan. Es fundamental alejarnos de personas negativas y tóxicas que desvalorizan nuestros logros y nos impiden avanzar. Estas relaciones pueden socavar nuestra confianza y dificultarnos la tarea de reinventarnos.

La clave está en rodearnos de personas que nos desafíen a ser mejores, que nos inspiren a alcanzar nuevas metas y que nos apoyen incluso en los momentos más difíciles. No se trata solo de encontrar personas que se preocupen por nuestro bienestar, sino también de buscar aquellas que nos impulsen a convertirnos en la mejor versión de nosotros mismos.

En conclusión, el apoyo de personas positivas y constructivas juega un papel fundamental en nuestro proceso de reinventarnos. Nos brindan la motivación y el ánimo necesarios para enfrentar los desafíos que surgirán en nuestro camino hacia la transformación personal. Rodearnos de estas relaciones beneficiosas nos ayuda a ampliar nuestra perspectiva y nos impulsa a descubrir nuevas formas de reinventarnos.

Ahora, dejemos que la historia continúe y descubramos cómo estas relaciones pueden impactarnos aún más. En la segunda parte de este capítulo, exploraremos de manera más profunda cómo cultivar y nutrir estas relaciones positivas para maximizar nuestro proceso de reinventarnos. No te pierdas esta emocionante continuación, en la que compartiremos valiosas estrategias y consejos para fortalecer nuestros lazos y seguir creciendo juntos.

Continúa leyendo y descubre cómo las relaciones positivas pueden llevarnos hacia un nuevo comienzo lleno de posibilidades asombrosas. Cuando nos adentramos en el proceso de reinventarnos, a menudo nos encontramos con desafíos que requieren coraje, determinación y una mentalidad positiva. En esta segunda parte del capítulo, exploraremos cómo cultivar y nutrir estas relaciones positivas para maximizar nuestro proceso de transformación.

Una de las formas más efectivas de cultivar relaciones positivas es ser un buen oyente. Al prestar atención activa a los demás, demostramos interés genuino en lo que tienen que decir. Escuchar se convierte en una herramienta poderosa para fortalecer los vínculos con los demás y cultivar relaciones más sólidas y significativas.

Además, es importante demostrar empatía hacia los demás. Tratar de comprender las emociones y perspectivas de los demás nos permite establecer una conexión más profunda y fortalecer nuestras relaciones. La empatía nos ayuda a construir puentes entre nosotros y las personas que nos rodean, lo cual es esencial cuando nos encontramos en un proceso de reinventarnos.

Asimismo, es fundamental practicar la gratitud y expresarla hacia aquellos que nos brindan su apoyo. Mostrar aprecio por las personas que están presentes en nuestra vida nos ayuda a fortalecer los lazos y nos permite construir relaciones más sólidas. No subestimemos el poder de un simple "gracias" para crear un impacto positivo en la vida de alguien más.

Otra forma efectiva de cultivar relaciones positivas es ser respetuoso y respetar los límites de los demás. Cada persona tiene su propio ritmo y sus propias necesidades, por lo que es importante ser consciente de ello y no presionar ni intentar imponer nuestros propios deseos o expectativas. Respetar la individualidad y la autonomía de los demás nos ayuda a fomentar relaciones sólidas y saludables.

Además, recordemos que las relaciones positivas también requieren reciprocidad. Es esencial brindar nuestro apoyo y mostrar nuestro interés hacia los demás de la misma manera en que esperamos recibirlo. Este equilibrio en la relación nos permite crear un ambiente de confianza y cuidado mutuo.

En el proceso de reinventarnos, también podemos encontrarnos con obstáculos y momentos difíciles. Aquí es donde la importancia de buscar el apoyo de personas positivas y constructivas se vuelve aún más evidente. Conectarnos con grupos de apoyo, participar en actividades comunitarias o buscar la guía de mentores pueden ser estrategias valiosas para desarrollar una red de apoyo sólida y confiable.

Es fundamental rodearnos de personas que compartan nuestros valores y objetivos, y que nos inspiren a seguir adelante incluso cuando las cosas se pongan difíciles. Estas personas estarán ahí para levantarnos cuando tropecemos y para aplaudirnos cuando alcancemos nuestros logros. El enriquecimiento mutuo que surge de estas relaciones positivas nos ayuda a crecer y a alcanzar nuestra propia transformación personal.

En resumen, el cultivo de relaciones positivas y constructivas es una parte fundamental de nuestro proceso de reinventarnos. A través de la escucha activa, la empatía, la gratitud, el respeto y la reciprocidad, podemos fortalecer nuestras relaciones y crear un entorno de apoyo y crecimiento mutuo. Buscar el apoyo de personas positivas durante nuestro proceso de transformación nos ayudará a superar los obstáculos y a alcanzar nuevas metas.

Ahora, sigamos nuestro viaje de reinventarnos, rodeados de esas relaciones significativas y enriquecedoras que nos impulsan hacia adelante. Descubramos juntos las distintas maneras en que podemos seguir cultivando y nutriendo nuestras relaciones positivas.

Sigue leyendo y descubre cómo estas relaciones pueden continuar transformando nuestra vida y llevándonos hacia un nuevo comienzo lleno de posibilidades asombrosas.

Capítulo 6: Aprendiendo de los errores

En el camino de la reinversión personal, los errores se presentan como oportunidades de crecimiento y aprendizaje. A menudo, la sociedad nos enseña a temer y evitar los errores, asociándolos con fracasos y derrotas. Sin embargo, es importante cambiar nuestra perspectiva y entender que los errores son parte esencial de nuestra evolución como seres humanos.

Todos cometemos errores en diferentes momentos de nuestras vidas. No importa cuán exitosos o inteligentes seamos, es inevitable enfrentarnos a decisiones mal tomadas o acciones incorrectas. Pero en lugar de dejarnos llevar por el pesimismo y la autocrítica, es fundamental reconocer que esos errores son valiosas oportunidades para crecer y mejorar.

Cuando cometemos un error, podemos analizarlo y reflexionar sobre él para comprender qué salió mal y cómo podemos evitarlo en el futuro. Esto no solo nos da la oportunidad de aprender de nuestras equivocaciones, sino que también nos ayuda a desarrollar una mayor conciencia de nosotros mismos y de nuestras debilidades.

Aprender de los errores implica enfrentar nuestras propias limitaciones y equivocaciones sin juzgarnos de manera severa. Es necesario cultivar la empatía hacia nosotros mismos y recordar que todos somos seres humanos propensos a cometer equivocaciones. En lugar de castigarnos, debemos aprovechar cada error como una lección valiosa, un paso hacia el crecimiento personal.

La historia está llena de ejemplos de individuos que utilizaron sus errores como trampolines hacia el éxito. Thomas Edison, conocido por inventar la bombilla eléctrica, afirmó: "No fracasé, solo descubrí 1,000 maneras de cómo no hacer una bombilla". Este enfoque positivo y perseverante permitió que Edison aprendiera de cada error y se acercara cada vez más a su objetivo.

De manera similar, en nuestra vida cotidiana, podemos aplicar esta mentalidad. Cada error que cometemos es una oportunidad para aprender algo nuevo, adquirir conocimientos y desarrollar habilidades que nos impulsen a un nivel superior de reinversión personal.

Además, los errores nos enseñan humildad y nos ayudan a ampliar nuestra perspectiva. Cuando asumimos que siempre tenemos la razón y no cometemos errores, perdemos la oportunidad de aprender de los demás y de ver situaciones desde diferentes ángulos. Al admitir nuestros errores, abrimos espacio para la colaboración y el crecimiento mutuo.

Es importante destacar que aprender de los errores no significa abandonar nuestras metas o rendirnos fácilmente. Por el contrario, se trata de ser resilientes y tener la valentía suficiente para reinventarnos y seguir adelante a pesar de las dificultades. Cada error cometido nos brinda la oportunidad de corregir nuestro rumbo y fortalecer nuestra determinación en el camino hacia la reinversión personal.

En resumen, los errores son oportunidades de crecimiento y aprendizaje que nos permiten mejorar y evolucionar en nuestro camino hacia la reinversión personal. Debemos cambiar nuestra perspectiva y abrazar cada error como una lección valiosa. Aprender de ellos nos ayuda a desarrollar una mayor conciencia de nosotros mismos, a ampliar nuestra perspectiva y a fortalecer nuestra determinación para alcanzar nuestras metas. Así que, si crees que tus errores te definen, te equivocas. Más bien, son tus errores los que te definen y te llevan a ser mejor de lo que eras antes.

En la segunda mitad de este capítulo, continuaremos explorando cómo aprender de los errores y aprovecharlos como oportunidades de crecimiento y aprendizaje en nuestro camino hacia la reinversión personal.

Una de las lecciones más valiosas que podemos extraer de nuestros errores es la importancia de la autocompasión y el perdón hacia nosotros mismos. Es natural sentir culpa o arrepentimiento cuando cometemos errores, pero es fundamental recordar que somos seres humanos imperfectos y propensos a equivocarnos. Castigarnos y cargar con la culpa solo nos lleva a un círculo vicioso de autodestrucción y limita nuestro potencial de crecimiento.

En lugar de eso, podemos practicar la autocompasión al reconocer que cometer errores es parte de nuestra naturaleza, y que todos merecemos la oportunidad de aprender, crecer y reinventarnos. Tratarnos con amabilidad y compasión nos ayuda a aceptar nuestros errores, aprender de ellos y seguir adelante sin quedarnos atrapados en el pasado.

Además de aprender a perdonarnos a nosotros mismos, también es importante aprender a perdonar a los demás. Muchas veces, nuestros errores involucran a otras personas, y es necesario recordar que todos cometemos equivocaciones. Al practicar el perdón hacia aquellos que nos han decepcionado o lastimado, nos liberamos de resentimientos y rencores que solo nos mantienen estancados en el pasado.

El aprendizaje a través de los errores también implica tener una mentalidad abierta y dispuesta a aceptar retroalimentación constructiva. A menudo, los demás pueden brindarnos perspectivas diferentes y enseñarnos algo nuevo a partir de sus propias experiencias. Al recibir comentarios y críticas de manera abierta y sin defensas, ampliamos nuestra comprensión y enriquecemos nuestro crecimiento personal.

Para aprovechar al máximo la oportunidad de aprendizaje que los errores nos ofrecen, es importante ser conscientes de nuestros patrones de comportamiento y decisiones recurrentes. Al identificar los errores comunes que cometemos, podemos trabajar en adquirir las habilidades necesarias para evitar repetirlos en el futuro. Esto implica desarrollar la capacidad de reflexionar sobre nuestras acciones, evaluar los resultados y tomar medidas para mejorar.

La resiliencia también juega un papel crucial a la hora de aprender de los errores. A menudo, los errores pueden desanimarnos y hacernos sentir derrotados o frustrados. Sin embargo, es fundamental recordar que los errores son solo una parte del proceso de crecimiento y que cada paso en el camino hacia la reinversión personal es valioso, incluso si implica cometer errores.

La resiliencia nos permite levantarnos después de un error, aprender de la experiencia y seguir adelante con mayor determinación y perseverancia. Nos da la capacidad de aprender a adaptarnos a los desafíos y obstáculos que encontramos en nuestro camino, sin rendirnos fácilmente y manteniendo el enfoque en nuestras metas.

En resumen, aprender de los errores nos brinda la oportunidad de crecer y evolucionar como seres humanos en nuestro camino hacia la reinversión personal. Practicar la autocompasión y el perdón, abrirnos a la retroalimentación de los demás y desarrollar resiliencia son aspectos fundamentales para aprovechar estas oportunidades de aprendizaje. Al hacerlo, podemos transformar nuestros errores en trampolines hacia el éxito y alcanzar una vida llena de significado y realización personal.

Capítulo 7: Enfrentando los desafíos

Los desafíos son parte inevitable del proceso de reinventarse, pero con determinación y resiliencia podemos superarlos y continuar avanzando. En nuestra travesía por encontrar nuevas oportunidades y explorar caminos desconocidos, nos encontraremos con obstáculos que, en ocasiones, podrán parecer insuperables. Sin embargo, es importante recordar que cada desafío es una oportunidad para crecer y descubrir nuestra verdadera fortaleza.

Cuando decidimos embarcarnos en el viaje de la reinvención personal, es necesario estar preparados para enfrentar lo desconocido y lidiar con las adversidades que nos puedan surgir en el camino. Alejarnos de nuestra zona de confort puede generar miedo e incertidumbre, pero es aquí donde radica el verdadero desafío y también la oportunidad de transformación.

Enfrentar los desafíos requiere de una mentalidad resiliente, la cual nos permite adaptarnos y aprender de cada obstáculo que se presente. Es normal sentir frustración e incluso duda en momentos difíciles, pero es precisamente ahí donde radica la posibilidad de crecimiento personal. Cada paso que damos hacia adelante, cada intento por superar un obstáculo, nos fortalece y nos acerca un poco más a la persona que deseamos ser.

Es importante recordar que los desafíos no son señales de fracaso, sino de valentía y determinación. Cada vez que nos enfrentamos a una dificultad, nos encontramos ante una oportunidad de aprendizaje y superación personal. A través de los desafíos, descubrimos nuestras capacidades ocultas y nuestro potencial para alcanzar metas que nunca hubiéramos imaginado.

Sin embargo, es válido reconocer que enfrentar los desafíos no siempre es fácil. Existen momentos en los que nos sentimos agotados y desanimados, tentados a rendirnos y volver al lugar cómodo y familiar. Pero es precisamente en esos momentos donde debemos recordar nuestra determinación y perseverar. La resiliencia nos permite levantarnos una y otra vez, sacudiendo el polvo de nuestras caídas y continuando con pasos firmes hacia delante.

En nuestra búsqueda por reinventarnos, podemos encontrar desafíos de diferentes tipos. Ya sea enfrentando la incertidumbre laboral, superando la inseguridad emocional o lidiando con los obstáculos de nuestra propia mente, cada desafío nos brinda la oportunidad de encontrarnos a nosotros mismos y descubrir nuestra verdadera esencia.

En este proceso de enfrentar los desafíos, es necesario recordar la importancia de cuidar de nosotros mismos. Debemos ser conscientes de nuestras propias limitaciones y aprender a pedir ayuda cuando la necesitemos. No hay nada de malo en buscar apoyo en aquellos que nos rodean, ya sean amigos, familiares o profesionales. Compartir nuestras dificultades nos brinda la oportunidad de encontrar nuevas perspectivas y soluciones que de otra manera no podríamos haber vislumbrado.

Así que, en esta emocionante travesía de reinventarnos, debemos recordar que los desafíos son simplemente parte del proceso. No debemos temerlos ni evadirlos, sino abrazarlos con valentía y determinación. Cada desafío es una oportunidad para crecer, aprender y descubrir nuestra propia capacidad de resiliencia. Sigamos adelante, recordando que los obstáculos son solo pruebas en nuestro camino hacia la auténtica transformación y autorrealización.

Continuación - Segunda mitad del capítulo 7: Enfrentando los desafíos

En el camino de reinventarnos, el afrontar desafíos requiere de una actitud empoderadora y una mentalidad positiva. Es normal que en ocasiones nos sintamos abrumados y que los obstáculos parezcan insuperables. Sin embargo, siempre hay una luz al final del túnel, una oportunidad para crecer y renacer.

Uno de los desafíos más comunes que encontramos al intentar reinventarnos es el miedo al fracaso. El temor a no lograr nuestros objetivos puede paralizarnos y hacernos retroceder. Pero es importante recordar que el fracaso es simplemente una oportunidad para aprender y crecer. No todos los intentos resultarán exitosos, pero cada tropiezo nos acerca más a nuestro destino final. La resiliencia nos permite seguir adelante a pesar de los fracasos, convirtiéndolos en lecciones valiosas.

A menudo, nos encontramos con el desafío de enfrentarnos a nuestras propias limitaciones y creencias autolimitantes. Es fácil caer en la trampa de pensar que no somos lo suficientemente buenos o capaces de lograr nuestros sueños. Pero debemos recordar que nuestra mente puede ser moldeada y reprogramada. A través de la práctica de la autosuperación y la adopción de una mentalidad de crecimiento, podemos desafiar y superar nuestras propias barreras mentales.

Además, el proceso de reinventarse puede implicar tomar decisiones difíciles y dejar atrás lo conocido. A menudo nos aferramos a lo familiar por miedo a lo desconocido, pero solo al aventurarnos fuera de nuestra zona de confort podemos descubrir nuevas oportunidades y alcanzar nuestro verdadero potencial. A veces, esto significa dejar atrás trabajos o relaciones que ya no nos brindan satisfacción o crecimiento. Sin embargo, debemos recordar que el cambio siempre trae consigo la posibilidad de una vida más plena y satisfactoria.

En el enfrentamiento de desafíos, también nos encontramos con la importancia de rodearnos de un sólido sistema de apoyo. Contar con personas que nos inspiren, motiven y compartan nuestras metas puede marcar la diferencia entre rendirnos y seguir adelante. Compartir nuestras penas y alegrías con otros nos permite recibir diferentes perspectivas y nos recuerda que no estamos solos en este viaje de autotransformación.

Finalmente, debemos recordar que no solo debemos enfrentar los retos externos, sino también los internos. Trabajar en nuestras propias inseguridades, miedos y autocrítica es fundamental para poder avanzar. La necesidad de aprobación externa y la tendencia a compararnos con los demás son desafíos que debemos superar para descubrir nuestra auténtica esencia y valorar nuestro propio camino.

En resumen, la segunda mitad de este capítulo nos ha recordado que los desafíos son parte intrínseca de reinventarnos. A través de la determinación, la resiliencia y el apoyo adecuado, podemos superar obstáculos y continuar avanzando hacia nuestras metas y sueños. No debemos temer el fracaso ni permitir que nuestras limitaciones nos detengan. Enfrentar los desafíos nos permite descubrir nuestra verdadera fortaleza y capacidad de transformación. Sigamos adelante con valentía y determinación, recordando que cada desafío es una oportunidad para crecer y evolucionar.

Capítulo 8: Descubriendo nuevas pasiones

Explorar nuevas actividades y pasiones nos ayuda a encontrar un sentido renovado en la vida y a descubrir áreas donde podemos crecer y desarrollarnos. A lo largo de nuestra existencia, es normal que nos encontremos en momentos de estancamiento, donde parece que estamos atrapados en la monotonía y la rutina diaria. Sin embargo, descubrir nuevas pasiones puede ser la clave para romper con esa sensación y encontrar un camino hacia la felicidad y la plenitud personal.

Cuando nos aventuramos en la búsqueda de nuevas actividades y pasiones, nos embarcamos en un viaje de autodescubrimiento. Es posible que nos encontremos con cosas que desconocíamos acerca de nosotros mismos, talentos ocultos o intereses que habíamos dejado de lado en el pasado. Estas nuevas experiencias nos permiten ampliar nuestros horizontes y abrirnos a nuevas posibilidades.

No importa la edad que tengamos, siempre hay espacio para el crecimiento y el desarrollo personal. La vida es un continuo aprendizaje y, al explorar nuevas pasiones, nos damos la oportunidad de expandir nuestros conocimientos y habilidades. Podemos descubrir talentos que nunca antes habíamos explorado y desarrollarlos a niveles que ni siquiera imaginábamos. Así, la exploración de nuevas actividades y pasiones se convierte en un viaje de automejora constante.

Además del crecimiento personal, descubrir nuevas pasiones nos brinda una sensación renovada de propósito y significado en la vida. Encontrar algo que nos apasione nos da una razón para levantarnos todas las mañanas con entusiasmo y motivación. Nos impulsa a seguir adelante y nos ayuda a superar obstáculos y adversidades. En resumen, nuestras pasiones nos dan un sentido renovado de dirección y nos ayudan a vivir una vida más plena y satisfactoria.

No debemos olvidar que el descubrimiento de nuevas pasiones también nos permite conectarnos con otras personas. Al sumergirnos en actividades que realmente nos apasionan, es probable que encontremos a otros individuos que comparten nuestros intereses y que formen parte de nuestras nuevas redes sociales. Estas conexiones pueden ser enriquecedoras y nos brindan la oportunidad de crecer junto a personas afines, compartiendo experiencias y aprendiendo juntos.

En este punto del libro, querido lector, te invito a reflexionar sobre cuáles son esas actividades que te generan curiosidad, que despiertan tu interés o que siempre has querido probar pero nunca te has atrevido a hacerlo. ¿Qué te apasiona? ¿Qué deseas explorar en tu vida? Permítete soñar y haz un listado de todas esas posibilidades. Luego, elige una de ellas y actúa.

La pregunta es: ¿qué te detiene? A menudo, nos limitamos a nosotros mismos por miedo al fracaso, por la opinión de los demás o simplemente por la comodidad de la rutina. Pero querido lector, te invito a que te atrevas a dar ese primer paso. No te preocupes por los resultados, el proceso en sí mismo es enriquecedor y te permitirá explorar aspectos de ti mismo que posiblemente ignorabas.

Recuerda, la vida es un eterno descubrimiento y cada día es una oportunidad para reinventarnos y explorar nuevas pasiones. Así que no te conformes con la monotonía y la rutina, atrévete a dar ese salto en búsqueda de lo que realmente te apasiona. En la segunda parte de este capítulo, exploraremos estrategias y consejos prácticos para encontrar y cultivar esas nuevas pasiones. Pero eso, querido lector, es una sorpresa reservada para el próximo encuentro.

En la segunda parte de este capítulo, nos adentraremos aún más en la exploración de nuevas pasiones y descubriremos estrategias y consejos prácticos para encontrarlas y cultivarlas en nuestra vida.

Una de las maneras más efectivas de descubrir nuevas pasiones es salir de nuestra zona de confort. Esto implica probar cosas nuevas, aventurarnos en territorios desconocidos y desafiarnos a nosotros mismos. Podemos comenzar con pequeños pasos, como asistir a talleres, clases o grupos de interés en temas que nos llamen la atención. Estas experiencias nos brindarán la oportunidad de interactuar con otras personas apasionadas por los mismos temas y nos permitirán descubrir si realmente nos apasiona o no.

También es importante darle tiempo a cada nueva actividad o pasión que intentemos. No siempre se despierta un fuego instantáneo por algo nuevo, a veces lleva tiempo descubrir si realmente nos apasiona o no. Es por eso que debemos permitirnos experimentar y explorar durante un tiempo antes de tomar una decisión definitiva. Este proceso nos dará la oportunidad de enamorarnos de nuevas actividades y pasiones de una manera auténtica y duradera.

Otra estrategia útil es la de buscar inspiración y referentes en personas que ya han encontrado y cultivan sus pasiones. Ya sea a través de libros, documentales, entrevistas o incluso conversaciones con personas cercanas, podemos aprender mucho de aquellos que han encontrado su camino en la vida. Estas historias de éxito nos pueden motivar y guiarnos en nuestro propio viaje de descubrimiento.

Además, no debemos tener miedo de fracasar en el proceso de descubrir nuevas pasiones. El fracaso es parte integral del crecimiento y del aprendizaje. Cada intento fallido es una oportunidad para aprender y mejorar. Es importante recordar que el camino hacia nuestras pasiones puede no ser lineal y perfecto, pero cada obstáculo nos acerca un paso más a encontrar lo que realmente nos apasiona.

También debemos tener en cuenta que nuestras pasiones pueden cambiar a lo largo de nuestra vida. Es normal que con el tiempo descubramos nuevas áreas de interés y que dejemos atrás aquellas que ya no nos motivan tanto. No tenemos que sentirnos atrapados en una sola pasión, podemos explorar diferentes áreas y adaptarnos a medida que crecemos y evolucionamos como personas.

Para cultivar nuestras nuevas pasiones, es importante dedicarles tiempo y energía. Podemos crear rutinas diarias o semanales para dedicarnos a ellas, establecer metas y objetivos para mantenernos motivados y buscar oportunidades para practicar y mejorar. La constancia y la disciplina son clave para convertir nuestras pasiones en una parte integral de nuestra vida y encontrar una verdadera satisfacción en ellas.

En resumen, descubrir y explorar nuevas pasiones es un viaje de autodescubrimiento y crecimiento personal. Nos ayuda a encontrar un sentido renovado en la vida y nos brinda la oportunidad de expandir nuestros horizontes y desarrollarnos como individuos. A través de estrategias y consejos prácticos, podemos encontrar y cultivar nuestras pasiones, generando así una vida más plena y satisfactoria.

Querido lector, te invito a que te atrevas a explorar nuevas actividades y pasiones en tu vida. Permítete soñar y descubrir aquello que realmente te apasiona. No te conformes con la monotonía y la rutina, atrévete a dar ese salto en busca de lo que te hace vibrar. La vida es un eterno descubrimiento y cada día es una oportunidad para reinventarse y vivir una vida más pasional, así que ¡adelante!

Capítulo 9: Resiliencia y autocompasión

Cultivar la resiliencia y practicar la autocompasión nos permite recuperarnos de los obstáculos con mayor fuerza y avivar nuestra motivación para continuar reinventándonos. En un mundo lleno de desafíos y constantes cambios, el arte de reinventarse se convierte en una herramienta invaluable para enfrentar los altibajos de la vida.

La resiliencia se presenta como esa capacidad de adaptarnos y superar las adversidades, sin dejar que estas nos definan. Es el resorte que nos impulsa a renacer de nuestras cenizas, más fuertes y decididos. Desarrollar la resiliencia implica aprender a enfrentar las dificultades con un enfoque positivo, buscando soluciones y oportunidades en medio de los momentos más oscuros.

En el camino de reinventarnos, la autocompasión se muestra como un regalo que debemos otorgarnos a nosotros mismos. En lugar de juzgarnos de manera dura y crítica ante los errores o fracasos, la autocompasión nos invita a tratarnos con amabilidad y comprensión. Reconocer nuestra humanidad y permitirnos sentir el dolor y el sufrimiento nos fortalece, dándonos la capacidad de recuperarnos y seguir adelante.

La resiliencia y la autocompasión están intrínsecamente conectadas. Al cultivar la resiliencia, aprendemos a aceptar nuestras vulnerabilidades y dificultades con compasión. Nos damos permiso para ser imperfectos, entendiendo que los errores son oportunidades de crecimiento y aprendizaje. De esta forma, la autocompasión se convierte en el cimiento sobre el cual la resiliencia florece.

Para fomentar la resiliencia y la autocompasión, es esencial desarrollar una mentalidad positiva y flexible. Aceptar que el cambio es parte de la vida y que cada experiencia, tanto positiva como negativa, nos brinda lecciones valiosas. Enfrentar los desafíos con valentía y aprender a reenfocar nuestros pensamientos hacia soluciones constructivas, nos permitirá abrazar la resiliencia y la autocompasión en nuestro viaje de reinventarnos.

Asimismo, es importante rodearnos de un entorno de apoyo. Contar con personas que nos alienten, nos escuchen y nos brinden su comprensión es vital en momentos de dificultad. Compartir nuestros desafíos y emociones con otros nos permite encontrar consuelo y perspectivas diferentes, fortaleciendo nuestra resiliencia y nutriendo nuestra autocompasión.

Además, la práctica de técnicas de autorreflexión y autocuidado es fundamental para cultivar la resiliencia y la autocompasión. Dedicar tiempo para conectarnos con nuestras emociones, pensamientos y necesidades nos ayuda a reconocer nuestras fortalezas y a cuidarnos de manera integral. Esto incluye cuidar nuestra salud física, emocional y mental, así como establecer límites saludables en nuestra vida.

En resumen, cultivar la resiliencia y practicar la autocompasión nos brinda las herramientas necesarias para enfrentar los obstáculos con mayor fuerza y determinación. Aprender a aceptarnos, a tratarnos con bondad y a encontrar la oportunidad de crecimiento en cada desafío, nos permite avanzar en nuestro camino de reinventarnos.

Por ahora, dejaremos el capítulo aquí. Se nos presenta una travesía emocionante hacia el autodescubrimiento y la superación personal en la segunda parte. Continuaremos explorando cómo la resiliencia y la autocompasión se entrelazan en nuestra capacidad de reinventarnos. Estén atentos, queridos lectores, porque lo mejor está por llegar.

La segunda mitad del capítulo 9 continúa explorando la conexión entre la resiliencia y la autocompasión, brindando herramientas prácticas para cultivar ambas habilidades en nuestra búsqueda por reinventarnos.

Una manera efectiva de fortalecer nuestra resiliencia y autocompasión es mediante la práctica de la atención plena. La atención plena nos invita a estar presentes en el momento, a observar nuestros pensamientos y emociones sin juzgar, y a aceptarlos tal como son. Al llevar esta atención plena a nuestras experiencias de vida, podemos enfrentar los desafíos con mayor claridad y comprensión.

Una técnica útil es dedicar unos minutos al día para practicar la respiración consciente. A través de respiraciones profundas y conscientes, nos conectamos con nuestro cuerpo y reducimos el estrés. Esta simple práctica nos ayuda a encontrar calma en medio del caos y nos brinda la claridad mental necesaria para tomar decisiones más saludables.

Además de la atención plena, es importante aprender a manejar el diálogo interno negativo y reemplazarlo con palabras de aliento y comprensión. La forma en que hablamos con nosotros mismos puede afectar profundamente nuestra resiliencia y nivel de autocompasión. Tener una voz amable y compasiva dentro de nuestra cabeza nos apoya en momentos de dificultad y nos permite superar los obstáculos con mayor fortaleza.

Una herramienta valiosa en este proceso de transformación es el desarrollo de una mentalidad de crecimiento. En lugar de ver los errores y fracasos como indicadores de nuestra valía personal, los consideramos como oportunidades para aprender y crecer. Cada tropiezo se convierte en una lección poderosa que nos permite avanzar hacia nuestra versión más auténtica y plena.

Para fomentar la resiliencia y la autocompasión, es crucial aprender a establecer límites saludables en nuestras relaciones y actividades diarias. Decir "no" cuando sea necesario nos permite cuidar nuestra salud física y mental, evitando sobrecargarnos y dejar espacio para nuestra propia recuperación. Establecer límites también implica alejarnos de personas y entornos negativos que puedan afectar nuestra capacidad de reinventarnos. Buscar compañía en aquellos que nos apoyan y nos animan en nuestro camino hacia la resiliencia y la autocompasión.

Finalmente, no podemos olvidar la importancia de celebrar nuestros logros, por pequeños que sean. Reconocer y apreciar nuestros esfuerzos nos ayuda a alimentar nuestra motivación y a mantenernos comprometidos con nuestro proceso de reinventarnos. No se trata solo de alcanzar metas, sino de apreciar el viaje y valorar cada paso que damos hacia nuestra transformación personal.

Queridos lectores, espero que estas palabras hayan resonado en ustedes y les permitan reflexionar sobre su propio camino de resiliencia y autocompasión. Cultivar estas habilidades en nuestra vida diaria es clave para enfrentar los desafíos que se presentan y continuar reinventándonos en busca de una vida más satisfactoria y auténtica.

En el próximo capítulo, exploraremos las herramientas prácticas para fortalecer nuestra resiliencia y autocompasión, a través de ejercicios concretos y estrategias que nos ayudarán a mantenernos en el camino de la transformación personal. Prepárense para descubrir nuevas formas de crecer y reinventarse, queridos lectores. El viaje apenas comienza, y lo mejor está por llegar.

Capítulo 11: Adaptándose al cambio

Aprender a adaptarnos a las circunstancias cambiantes y flexibilizar nuestras expectativas es esencial para continuar evolucionando en nuestra vida personal y profesional. En un mundo en constante transformación, la capacidad de adaptación se vuelve fundamental para mantenernos en pie y superar los desafíos que se nos presentan. La forma en la que enfrentamos el cambio puede marcar una gran diferencia en nuestros logros y satisfacción personal.

El cambio no siempre es fácil. Somos seres de hábitos, apegados a nuestra zona de confort, a lo conocido y predecible. Sin embargo, si nos aferramos a lo familiar y nos resistimos al cambio, nos privamos de oportunidades de crecimiento y desarrollo. Adaptarse implica abrirnos a nuevas experiencias y perspectivas, abandonar viejas creencias y formas de hacer las cosas, y estar dispuestos a aprender y crecer a través de ellas.

El primer paso para adaptarnos al cambio es aceptarlo. Muchas veces, nos resistimos a los cambios porque los percibimos como amenazas o porque tememos lo desconocido. Sin embargo, al aceptar que el cambio es inevitable y que forma parte natural de la vida, podemos liberarnos de la resistencia y encontrar formas de aprovecharlo en nuestro beneficio.

Adaptarse también implica desarrollar flexibilidad mental y emocional. Es necesario aprender a fluir con los cambios, dejar de lado rigideces y prejuicios arraigados. La capacidad de adaptación nos permite ajustar nuestras expectativas y objetivos cuando las circunstancias cambian, evitando frustraciones y fracasos innecesarios. Al no aferrarnos a planes preestablecidos, abrimos la puerta a nuevas oportunidades y posibilidades que de otra manera podrían pasarnos desapercibidas.

Cuando nos enfrentamos a un cambio, es fundamental mantener una mentalidad abierta y positiva. En lugar de resistirnos o enfocarnos en los obstáculos, debemos buscar las oportunidades y lecciones que el cambio puede traer consigo. El cambio nos desafía a superar nuestros límites, a buscar soluciones creativas y a construir una mayor resiliencia. Cada cambio, por más pequeño que sea, nos ofrece la posibilidad de crecer y evolucionar como individuos.

Adaptarse al cambio implica también dejar atrás el miedo al fracaso. Muchas veces, tememos los cambios porque asociamos lo desconocido con la posibilidad de cometer errores o no alcanzar nuestras metas. Sin embargo, es importante recordar que el fracaso forma parte del proceso de aprendizaje y nos brinda la oportunidad de mejorar y superarnos. Perder el miedo al fracaso nos permite tomar riesgos calculados y explorar nuevas posibilidades sin autolimitarnos.

En conclusión, aprender a adaptarnos a las circunstancias cambiantes y flexibilizar nuestras expectativas es esencial para continuar evolucionando en nuestra vida personal y profesional. La capacidad de adaptación nos permite enfrentar los retos con mentalidad abierta y positiva, buscando oportunidades y lecciones en cada cambio que se nos presenta. Al liberarnos de la resistencia al cambio y abrazar la flexibilidad, nos abrimos a nuevas posibilidades y alcanzamos un mayor crecimiento y realización en nuestras vidas. Pero esto es solo el comienzo de nuestro camino hacia la adaptación, hay mucho más por descubrir en la segunda mitad de este capítulo. A medida que continuamos explorando la importancia de adaptarnos al cambio, es crucial recordar que este proceso conlleva una serie de desafíos y obstáculos. Sin embargo, es importante que no permitamos que estos desafíos nos desanimen o nos impidan seguir adelante en nuestro camino hacia la adaptación.

Uno de los principales desafíos que enfrentamos al adaptarnos al cambio es la resistencia interna. A menudo, nos aferramos a nuestras viejas creencias y formas de hacer las cosas, lo cual puede dificultar nuestra capacidad para aceptar nuevas experiencias y perspectivas. Es fundamental reconocer que la resistencia al cambio es natural y comprensible, pero también es esencial aprender a superarla.

Para superar la resistencia al cambio, es útil comenzar por comprender y abordar nuestras preocupaciones y miedos subyacentes. Pregúntate a ti mismo qué te preocupa más acerca de este cambio en particular. ¿Temes perder tu sentido de seguridad y estabilidad? ¿Te preocupa que el cambio pueda interferir con tus metas o prioridades? Al identificar y comprender tus preocupaciones más profundas, puedes abordarlas de manera más efectiva y desarrollar estrategias para mitigar su impacto.

Además, es importante rodearse de personas que apoyen y alienten nuestro proceso de adaptación. Busca el apoyo de amigos, familiares o mentores que hayan enfrentado cambios similares. Compartir tus experiencias y desafíos con otros puede ayudarte a obtener una nueva perspectiva y recibir consejos y guía útiles.

Asimismo, es fundamental practicar el autocuidado durante este proceso. El cambio puede ser agotador tanto física como emocionalmente, por lo que es importante establecer hábitos saludables que nos ayuden a mantenernos en equilibrio. Dedica tiempo para el descanso, el ejercicio, la alimentación adecuada y la búsqueda de actividades que te brinden alegría y satisfacción. Cuidando de ti mismo, estarás en una mejor posición para enfrentar y adaptarte al cambio.

Además de estos desafíos internos, también debemos enfrentar desafíos externos al adaptarnos al cambio. Puede haber obstáculos prácticos, como la necesidad de adquirir nuevas habilidades o conocimientos, o la necesidad de encontrar nuevos medios de sustento. No debemos permitir que estos desafíos nos desalienten, sino que debemos verlos como oportunidades para crecer y aprender.

Es posible que necesitemos adquirir nuevas habilidades o buscar oportunidades de capacitación para enfrentar los desafíos que se nos presentan. A veces, esto puede implicar tomar clases o talleres, o buscar mentores o expertos en el campo que deseamos dominar. Recordemos que el aprendizaje es un proceso continuo a lo largo de nuestra vida, y debemos aprovechar al máximo las oportunidades que se nos presenten para adquirir nuevos conocimientos y habilidades.

Otro desafío externo al adaptarnos al cambio es la necesidad de reconstruir nuestras redes y conexiones sociales. Los cambios pueden implicar la pérdida de relaciones o la necesidad de establecer nuevas relaciones en un entorno diferente. Esto puede ser intimidante y desalentador, pero también puede brindarnos la oportunidad de conocer nuevas personas y expandir nuestro círculo social. No tengamos miedo de acercarnos a otros y buscar conexiones significativas en nuestros nuevos entornos.

En resumen, adaptarse al cambio implica enfrentar una serie de desafíos tanto internos como externos. Es fundamental reconocer y superar la resistencia interna al cambio, abordar nuestras preocupaciones y miedos subyacentes, y rodearnos de personas que apoyen nuestro proceso de adaptación. También debemos enfrentar de manera efectiva los desafíos externos, adquirir nuevas habilidades y conocimientos, y reconstruir nuestras redes sociales. A pesar de los obstáculos en el camino, perseverar en nuestro esfuerzo por adaptarnos al cambio nos permitirá crecer, evolucionar y alcanzar una mayor realización en nuestras vidas personales y profesionales.

Capítulo 12: Creando una mentalidad positiva

Cultivar una mentalidad positiva nos permite enfrentar los desafíos con optimismo y abrirnos a nuevas oportunidades que nos ayuden en nuestro proceso de reinversión. En esta vida, todos nos encontramos con momentos de incertidumbre y dificultad que pueden desgastarnos y desmotivarnos. Sin embargo, es en estos momentos donde el poder de una mentalidad positiva se hace aún más relevante.

La mentalidad positiva no implica negar los problemas o las circunstancias difíciles que enfrentamos. Por el contrario, se trata de adquirir una perspectiva optimista que nos permita encontrar soluciones y aprender de las experiencias adversas. Es un enfoque que nos ayuda a superar los obstáculos con resiliencia y a encontrar oportunidades de crecimiento personal.

Una de las formas más efectivas de cultivar una mentalidad positiva es a través de la práctica de la gratitud. Apreciar lo que tenemos y encontrar alegría en las pequeñas cosas de la vida nos ayuda a cambiar nuestro enfoque y a ver las dificultades como oportunidades de crecimiento. Al expresar gratitud por las bendiciones que nos rodean, nos volvemos más conscientes de lo mucho que tenemos y desarrollamos una actitud de abundancia en lugar de escasez.

Además, mantener una actitud positiva implica rodearnos de personas que nos inspiren y apoyen en nuestro camino. Las relaciones positivas y saludables fomentan un ambiente propicio para el crecimiento personal. Buscar la compañía de personas que comparten nuestros valores y metas nos brinda la motivación y el apoyo necesarios para mantener una mentalidad positiva en los momentos difíciles.

Otro aspecto fundamental de una mentalidad positiva es el auto discurso constructivo. La forma en que hablamos con nosotros mismos impacta directamente en nuestra actitud y en nuestra capacidad para superar los desafíos. En lugar de autocríticas negativas y derrotistas, debemos aprender a utilizar un lenguaje interno motivador y alentador. Recordarnos a nosotros mismos de nuestras habilidades, fortalezas y logros pasados nos ayuda a construir una mentalidad resiliente y positiva.

Asimismo, es importante tener en cuenta que la mentalidad positiva se basa en la aceptación y la flexibilidad. Aceptar las situaciones tal como son y adaptarnos a los cambios nos permite avanzar de manera más efectiva. A veces, aferrarnos a expectativas rígidas o resistirnos al cambio solo nos limita y nos impide encontrar nuevas oportunidades en el camino de la reinversión.

En resumen, cultivar una mentalidad positiva es esencial para enfrentar los desafíos con optimismo y aprovechar las oportunidades que se nos presentan en el proceso de reinversión. La gratitud, el entorno social positivo, el auto discurso constructivo y la aceptación son herramientas poderosas que nos ayudan a construir y mantener esta mentalidad. Al adoptar esta actitud, descubrimos que el poder de la mente es un aliado invaluable en nuestro viaje hacia la reinvención.

En la segunda mitad de este capítulo, continuaremos explorando las diferentes herramientas y técnicas que nos ayudarán a seguir desarrollando una mentalidad positiva en nuestro camino de reinversión.

Una de las estrategias más efectivas para mantener una mentalidad positiva es establecer metas realistas y alcanzables. Estas metas nos brindan un sentido de propósito y dirección, y nos motivan a seguir adelante incluso en los momentos más difíciles. Al establecer pequeños objetivos a corto plazo, podemos experimentar el éxito de manera constante, lo que fortalece nuestra confianza y nos impulsa a seguir adelante.

Además, es fundamental aprender a manejar el estrés de manera saludable. El estrés puede debilitar nuestra mentalidad positiva y dificultar nuestro proceso de reinversión. Para ello, es importante desarrollar técnicas de manejo del estrés, como la práctica de la meditación, la respiración profunda y el ejercicio físico regular. Estas actividades nos ayudan a relajarnos, a desconectarnos del ruido exterior y a centrarnos en el presente, cultivando así una mentalidad más calmada y equilibrada.

Otra herramienta poderosa para fortalecer una mentalidad positiva es la visualización. La visualización consiste en imaginar y visualizar de manera vívida los resultados deseados. Al crear imágenes mentales de nuestras metas y objetivos cumplidos, estimulamos nuestra mente y generamos emociones positivas que nos motivan a seguir avanzando. La visualización nos ayuda a mantener una actitud positiva y a creer en nuestras capacidades, lo que se traduce en un mayor impulso y determinación en nuestro proceso de reinversión.

Asimismo, es importante aprender a manejar las emociones negativas que puedan surgir durante este proceso de reinversión. A veces, puede ser difícil mantener una mentalidad positiva cuando nos enfrentamos a fracasos o rechazos. Sin embargo, es crucial recordar que el fracaso no define nuestro valor ni nuestra capacidad para triunfar. Aceptar las emociones negativas, aprender de ellas y buscar el apoyo de personas cercanas nos ayuda a superar los obstáculos y a mantenernos en el camino hacia la reinversión exitosa.

Finalmente, recordemos que cultivar una mentalidad positiva no es un proceso lineal ni estático. Habrá momentos en los que nos sintamos desanimados o distraídos, y eso está bien. Lo importante es reconocer estos momentos y retomar nuestra actitud positiva a través de las herramientas y estrategias que hemos aprendido.

En conclusión, crear y mantener una mentalidad positiva es fundamental en nuestro proceso de reinversión. A través de la gratitud, el entorno social positivo, el auto discurso constructivo, la aceptación, el establecimiento de metas realistas, el manejo del estrés, la visualización y el manejo de las emociones negativas, podemos fortalecer nuestra mentalidad y abrirnos a nuevas oportunidades de crecimiento y éxito. Recordemos que todos estamos en constante evolución y reinversión, y que nuestro poder mental es una herramienta invaluable en esta travesía. Sigamos cultivando una mentalidad positiva y volvamos a empezar con más fuerza y determinación.

Capítulo 13: Valorando el crecimiento personal

Apreciar y valorar nuestro progreso personal en el camino de reinventarnos nos impulsa a seguir adelante y nos recuerda el poder transformador de nuestro esfuerzo.

Cuando emprendemos el viaje de reinventarnos a nosotros mismos, es fundamental reconocer y valorar cada pequeño paso que damos. A menudo, nos encontramos sumidos en un mar de dudas y temores, preguntándonos si realmente estamos avanzando en la dirección correcta. Sin embargo, al cultivar la capacidad de apreciar y valorar nuestro crecimiento personal, nos damos cuenta de la verdadera magnitud de nuestro progreso y nos fortalecemos para enfrentar los desafíos que aún están por venir.

El camino de reinventarse no es fácil y no está exento de obstáculos. En ocasiones, podemos sentirnos abrumados por la magnitud del cambio que estamos buscando, o tal vez nos enfrentemos a momentos de frustración cuando los resultados no llegan tan rápido como deseamos. En estos momentos, es vital recordar que cada pequeña acción que tomamos nos acerca un poco más a nuestra meta. Cada paso, cada intento y cada error, nos enseña valiosas lecciones y contribuye a nuestro crecimiento personal.

Al valorar nuestro crecimiento personal, también nos recordamos a nosotros mismos el poder transformador de nuestro esfuerzo. Nos damos cuenta de que somos capaces de enfrentar cualquier desafío y superarlo, porque hemos sido testigos de nuestra propia capacidad de cambio. Ya sea enfrentando nuestros miedos, adquiriendo nuevas habilidades o rompiendo patrones de pensamiento limitantes, cada acción que emprendemos es una oportunidad para reinventarnos y crecer como individuos.

Es importante tomar conciencia de que el crecimiento personal no se trata solo de lograr metas externas, sino de desarrollar una mayor comprensión y aceptación de nosotros mismos. A medida que avanzamos en nuestro camino de reinventarnos, nos encontramos con diferentes versiones de nosotros mismos: algunas nos gustan, otras nos desafían y otras nos sorprenden. Cada paso que damos hacia nuestro crecimiento personal nos permite explorar y descubrir nuevas facetas de nuestra identidad, expandiendo nuestros límites y abriendo puertas a nuevas posibilidades.

Al apreciar y valorar nuestro crecimiento personal, nos brindamos un apoyo y una motivación constantes. Muchas veces, somos nuestros peores críticos y tendemos a subestimar nuestros logros. Pero, al tomarnos un momento para reflexionar sobre cómo hemos evolucionado, nos permitimos sentir gratitud por el camino recorrido y fortalecemos nuestra confianza en nosotros mismos.

Nuestro progreso personal también puede inspirar a otros a embarcarse en su propio viaje de reinventarse. Cuando compartimos nuestras historias de crecimiento y transformación, mostramos a los demás que el cambio es posible y alcanzable. Nuestros logros personales pueden convertirse en una fuente de inspiración para aquellos que también anhelan una vida más plena y significativa.

En resumen, valorar y apreciar nuestro crecimiento personal en el camino de reinventarnos desempeña un papel fundamental en nuestra motivación y perseverancia. Nos recuerda el poder transformador de nuestro esfuerzo y nos impulsa a seguir adelante, incluso cuando los desafíos parecen abrumadores. Cada paso, cada aprendizaje y cada superación son eslabones en la cadena de nuestra evolución personal. Sigamos avanzando, celebrando cada logro y preparándonos para lo que está por venir.

Al continuar en nuestro viaje de reinventarnos, es esencial recordar que el crecimiento personal no es lineal ni estático. A medida que nos adentramos en esta búsqueda de transformación, nos encontraremos con desafíos inesperados y momentos de estancamiento. Sin embargo, es en estos momentos de dificultad donde tenemos la oportunidad de demostrar nuestra resiliencia y determinación.

Apreciar y valorar nuestro crecimiento personal implica tener la capacidad de reconocer no solo nuestros éxitos, sino también nuestras caídas y errores. Cada tropiezo es una oportunidad para aprender y crecer. No debemos permitir que estas experiencias nos desalienten, sino que debemos verlas como importantes lecciones en nuestro camino hacia la autorrealización.

Es crucial ser compasivos con nosotros mismos en este proceso de reinventarnos. Es fácil ser autocrítico y exigente, especialmente cuando nos comparamos con los demás. Sin embargo, cada uno de nosotros tiene un camino único y experimenta su propio crecimiento personal a su propio ritmo. No podemos subestimar el valor de nuestros logros, incluso si parecen pequeños en comparación con los de los demás.

Al valorar nuestro crecimiento personal, es importante también ser conscientes de la importancia de cuidar de nosotros mismos. A menudo, nos olvidamos de priorizarnos y nos enfocamos en las necesidades y expectativas de los demás. Sin embargo, al dedicar tiempo y energía a nuestro propio crecimiento y bienestar, no solo nos beneficiamos a nosotros mismos, sino que también nos convertimos en mejores seres humanos para aquellos que nos rodean.

Es fundamental comprender que el crecimiento personal no es solo un destino, sino un continuo proceso de autoexploración y autodesarrollo. A medida que avanzamos en nuestro camino de reinventarnos, podemos encontrarnos con nuevas oportunidades y desafíos que nos ayudarán a descubrir nuevas fortalezas y debilidades en nosotros mismos.

Apreciamos y valoramos nuestro crecimiento personal al aceptar y abrazar nuestra imperfección. Nadie es perfecto y todos cometemos errores. Sin embargo, es mediante estos errores que aprendemos, crecemos y nos fortalecemos. Reconocer nuestros errores nos permite desarrollar una mayor humildad y sabiduría, y nos ayuda a avanzar con confianza hacia la versión más auténtica y plena de nosotros mismos.

Al final del día, el crecimiento personal es un regalo que nos damos a nosotros mismos. Es el camino que elegimos para vivir una vida significativa y satisfactoria. A medida que apreciamos y valoramos nuestro crecimiento personal, nos damos cuenta de que cada paso y cada momento de transformación son valiosos. Cada vez que nos reinventamos, nos acercamos un poco más a nuestra verdadera esencia y encontramos un mayor sentido de propósito en nuestras vidas.

Así que continúa en tu viaje de reinventarte, valorando cada paso, cada tropiezo y cada logro en el camino. Celebremos nuestro crecimiento personal y recordemos siempre que somos seres en constante evolución. Sigamos adelante con valentía y determinación, abriendo las puertas a nuevas posibilidades y creando la vida que realmente deseamos.

¡Que tu camino de reinventarte esté lleno de descubrimientos, desafíos y éxitos! Recuerda que eres capaz de lograr todo lo que te propongas. ¡Adelante, valiente buscador de tu propio crecimiento personal!

Capítulo 14: Equilibrando vida personal y profesional

Encontrar un equilibrio entre nuestra vida personal y profesional es esencial para mantenernos comprometidos y felices en nuestro proceso de reinversión. El arte de reinventarse no solo implica alcanzar metas laborales, sino también encontrar satisfacción en nuestras relaciones personales, cuidar nuestra salud y dedicar tiempo a nuestras pasiones.

A menudo, nos encontramos atrapados en una vorágine de responsabilidades laborales, atendiendo reuniones, cumpliendo plazos y buscando el reconocimiento profesional. Sin embargo, en medio de este ajetreo, puede ser fácil perder de vista lo que realmente importa: nuestra propia felicidad y bienestar. Es fundamental recordar que nuestra vida profesional es solo una parte de quiénes somos y que descuidar otras áreas importantes puede llevarnos a un desequilibrio que afectará nuestra salud física y emocional a largo plazo.

Para lograr ese necesario equilibrio, es fundamental aprender a establecer límites y prioridades claras. En el mundo laboral actual, donde la tecnología nos mantiene conectados las 24 horas del día, resulta tentador dedicar todo nuestro tiempo y energía al trabajo. Sin embargo, esto puede ocasionar la desatención de nuestras relaciones personales y descuidar nuestro propio bienestar. Es crucial establecer horarios y espacios dedicados únicamente a nuestra vida personal, sin distracciones laborales. Apagar el teléfono, desconectar el correo electrónico y dedicar tiempo de calidad a nuestras familias y seres queridos nos permitirá reforzar esos lazos que son fundamentales en nuestra felicidad y bienestar.

Además, el cuidado de nuestra salud física y emocional no debe pasarse por alto. Mantener una alimentación balanceada, realizar ejercicio regularmente y asegurar un descanso adecuado son aspectos esenciales para poder desempeñarnos de manera óptima tanto en nuestra vida personal como profesional. También es importante tener espacios de desconexión, momentos en los cuales podamos relajarnos y recargar energías. Desde practicar algún hobby que disfrutemos hasta meditar o leer un buen libro, cada persona debe encontrar la actividad que le brinde paz y satisfacción.

En el proceso de reinversión, es fundamental recordar que nuestras pasiones y hobbies no deben quedar relegados al olvido. Cultivar nuestras aficiones no solo nos hace felices, sino que también nos ayuda a mantener un equilibrio mental y emocional. Si dedicamos tiempo a aquello que amamos, encontraremos motivación y bienestar en todos los aspectos de nuestra vida, incluyendo nuestra carrera profesional.

Es posible que sintamos presión por parte de nuestra sociedad, nuestros colegas o incluso nosotros mismos, para dedicarnos de forma exclusiva al mundo laboral. Sin embargo, este enfoque unidimensional puede ser contraproducente. La vida es un equilibrio y debemos aprender a gestionar y disfrutar de todas sus facetas. El arte de reinventarse implica abordar nuestra vida personal y profesional de manera integral, comprendiendo que cada una de ellas se alimenta mutuamente y contribuye a nuestro bienestar general.

En el próximo capítulo, exploraremos estrategias concretas para lograr un equilibrio efectivo entre nuestra vida personal y profesional. Descubriremos cómo establecer metas claras, manejar el tiempo de manera eficiente y encontrar apoyo en nuestro entorno. Permítanos acompañarte en este proceso de reinversión, donde aprenderemos a comprendernos mejor y a encontrar la armonía en todas las áreas de nuestra vida. Ahora, estás a punto de descubrir las herramientas prácticas que te ayudarán a transformar ese anhelo en una realidad tangible. ¡Adelante, el camino hacia el equilibrio comienza aquí! Una vida equilibrada es aquella en la que podemos dedicar tiempo y energía tanto a nuestra vida personal como a nuestra carrera profesional. En la primera mitad de este capítulo, hemos explorado la importancia de establecer límites y prioridades claras para lograr ese equilibrio necesario. Ahora, nos adentraremos en estrategias más concretas que nos permitirán gestionar de manera efectiva nuestra vida personal y profesional.

Una de las herramientas más poderosas para lograr un equilibrio efectivo es establecer metas claras. Tener metas claras nos ayuda a involucrarnos de manera comprometida tanto en nuestro trabajo como en nuestras relaciones personales. Al establecer metas, podemos identificar qué es lo más importante para nosotros y enfocar nuestros esfuerzos en lograrlo. Es vital recordar que las metas deben ser realistas y alcanzables, de manera que no nos sobrecarguemos de responsabilidades y podamos mantener un equilibrio adecuado.

Además de establecer metas claras, es fundamental aprender a manejar nuestro tiempo de manera eficiente. En un mundo cada vez más ocupado, con múltiples demandas y tareas por cumplir, es fácil sentirse abrumado y perderse en la vorágine del día a día. Para evitar esto, es importante establecer una planificación adecuada y priorizar nuestras actividades. Identificar las tareas más urgentes e importantes nos permitirá enfocarnos en lo realmente relevante y evitar la sensación de estar siempre corriendo detrás del tiempo. En este sentido, también es útil aprender a decir no cuando sea necesario y delegar responsabilidades cuando sea posible.

Al igual que establecer metas claras y manejar nuestro tiempo de manera eficiente, es fundamental encontrar apoyo en nuestro entorno. Todos necesitamos un sistema de apoyo en nuestras vidas, ya sean amigos, familiares o mentores. Contar con personas que nos brinden apoyo, nos escuchen y nos ayuden a encontrar soluciones durante los momentos de desafío es crucial para mantener un equilibrio saludable. Además, rodearnos de personas que compartan nuestros valores y objetivos nos ayudará a mantenernos motivados y enfocados en nuestro proceso de reinversión.

Por último, es esencial recordar que el equilibrio entre nuestra vida personal y profesional es dinámico y puede cambiar en diferentes etapas de nuestras vidas. Puede haber momentos en los que necesitemos dedicar más tiempo y energía a nuestra carrera, como al iniciar un nuevo negocio o ascender en nuestro puesto de trabajo. Sin embargo, también debemos ser conscientes de la importancia de cuidar nuestra vida personal y dedicarle tiempo de calidad. En las etapas en las que necesitemos reducir el tiempo dedicado al trabajo, es fundamental establecer límites claros y mantener una comunicación abierta con nuestros colegas y superiores.

El equilibrio entre vida personal y profesional es un arte que requiere práctica y perseverancia. A medida que avanzamos en nuestro proceso de reinversión, aprenderemos a comprendernos mejor y a encontrar la armonía en todas las áreas de nuestra vida. Recuerda que el éxito no puede medirse únicamente por los logros profesionales, sino que incluye también nuestro bienestar y felicidad en general.

En este capítulo, hemos explorado cómo encontrar un equilibrio entre nuestra vida personal y profesional, estableciendo metas claras, gestionando nuestro tiempo de manera eficiente, encontrando apoyo en nuestro entorno y siendo conscientes de que el equilibrio es dinámico. A medida que avancemos en nuestra vida, enfrentaremos nuevos desafíos y oportunidades de reinventarnos. Recuerda que eres capaz de encontrar ese equilibrio y crear una vida en la que puedas comprometerte y ser feliz tanto en lo personal como en lo profesional. ¡Adelante, el camino hacia el equilibrio continúa!

Capítulo 15: Buscando nuevas oportunidades

Abrirnos a nuevas oportunidades y explorar diferentes caminos nos permite descubrir nuevas pasiones y opciones para reinventarnos y crecer. En este capítulo, queremos invitar a hombres y mujeres, sin importar su edad ni su trayectoria, a que se atrevan a buscar nuevas oportunidades en sus vidas.

La vida está llena de cambios constantes y, en ocasiones, nos vemos enfrentados a situaciones que nos obligan a replantearnos nuestro rumbo. Aunque puede ser intimidante, abrirnos a nuevas oportunidades nos brinda la posibilidad de encontrarnos y conectar con partes de nosotros mismos que tal vez desconocíamos.

Cuando decidimos ampliar nuestros horizontes y explorar diferentes caminos, damos paso a un sinfín de posibilidades. Las oportunidades pueden manifestarse en diversas formas, ya sea a través de cambios laborales, emprendimientos personales, o la búsqueda de nuevos conocimientos y habilidades. No importa cuál sea la vía elegida, lo importante es dar el primer paso.

En este proceso de búsqueda, es fundamental tener una mente abierta. Muchas veces, nuestras propias creencias limitantes y el miedo al fracaso nos impiden explorar nuevas opciones. Sin embargo, al dejar atrás nuestros miedos y prejuicios, nos abrimos a un mundo de posibilidades infinitas.

Explorar nuevos caminos nos permite descubrir nuevas pasiones. A lo largo de nuestra vida, es normal encontrar actividades o campos en los que nos sentimos a gusto, pero ¿qué tal si nos permitimos explorar algo completamente diferente? Quizás descubramos una pasión oculta que nos haga vibrar de emoción y nos dé un impulso renovado en nuestro camino hacia la autorrealización.

Además, buscar nuevas oportunidades nos brinda la posibilidad de crecer y desarrollarnos como personas. Cada experiencia y desafío que enfrentamos nos enseña lecciones valiosas y nos ayuda a fortalecer nuestras habilidades. Al adentrarnos en terrenos desconocidos, nos enfrentamos a nuevos retos que nos permiten expandir nuestra zona de confort y crecer en todos los aspectos de nuestra vida.

Cuando nos abrimos a nuevas oportunidades, también estamos abriendo las puertas a la sorpresa y a lo inesperado. No siempre podemos prever qué caminos se abrirán ante nosotros, ni qué maravillosas sorpresas encontraremos en el proceso. La vida tiene una forma misteriosa de presentarnos regalos cuando menos lo esperamos, y al abrirnos a nuevas oportunidades, nos permitimos ser receptivos a estas sorpresas que pueden transformar nuestra existencia.

Esperamos que, al leer hasta este punto, sientas una inquietud creciente dentro de ti. ¿Qué oportunidades te estás perdiendo en tu vida? ¿Qué caminos aún no has explorado? Te invitamos a que te sumerjas en esta aventura de buscar nuevas oportunidades y descubrir las pasiones y opciones que te aguardan.

Recuerda que este primer capítulo es solo el inicio de una travesía emocionante. A partir de aquí, continuaremos explorando más ideas y consejos sobre cómo aprovechar al máximo las nuevas oportunidades que se presentan en nuestra vida. ¡Te invitamos a que sigas leyendo y descubras la segunda parte de este capítulo que abrirá aún más tu mente hacia nuevas posibilidades!

Al embarcarnos en esta travesía de búsqueda de nuevas oportunidades, es importante recordar que cada persona tiene su propio ritmo y proceso. No hay una línea recta hacia el éxito y la autorrealización, sino que cada uno de nosotros camina por un sendero único lleno de altibajos y descubrimientos.

En esta segunda parte del capítulo, queremos profundizar en la importancia de escuchar nuestra intuición y seguir nuestros instintos al explorar nuevas oportunidades. A veces, la mente lógica puede surgir con dudas y temores, pero si aprendemos a confiar en nuestra intuición, podemos encontrar una guía valiosa en nuestro camino.

Es posible que, durante esta búsqueda, nos encontremos con obstáculos y desafíos. Podemos enfrentar rechazo o fracaso en nuestras primeras incursiones en nuevos caminos, pero es crucial no desanimarnos. Cada experiencia nos brinda aprendizajes valiosos que nos ayudarán a crecer y a mejorar en el futuro.

Es cierto, a veces el miedo puede ser abrumador. El miedo al cambio, al fracaso o al rechazo puede detenernos en seco y hacernos retroceder. Sin embargo, es importante recordar que el miedo es solo una parte de nosotros, y no define quiénes somos realmente. Si nos permitimos enfrentar nuestros miedos y superarlos, nos damos la oportunidad de despertar nuestro verdadero potencial.

Tomar riesgos calculados también es fundamental en este proceso. Al explorar nuevas oportunidades, no se trata solo de saltar a lo desconocido sin ningún plan, sino de tener la valentía de dar el primer paso y tomar acciones concretas. Planificar, investigar y establecer metas realistas nos puede ayudar a reducir la incertidumbre y a enfocarnos en el camino que queremos recorrer.

Otro aspecto importante a considerar es rodearnos de personas que nos inspiren y nos apoyen en nuestro viaje. El apoyo de familiares, amigos o mentores puede marcar una gran diferencia en nuestra confianza y motivación. Compartir nuestros sueños y experiencias con personas afines nos brinda una red de apoyo que nos impulsa a seguir adelante, incluso en momentos difíciles.

Además, es importante recordar que la búsqueda de nuevas oportunidades no tiene límites de edad ni de trayectoria. No importa cuántos años tengamos o qué hayamos hecho en el pasado, siempre es posible reinventarse y encontrar nuevas pasiones y opciones en la vida.

Incluso si sentimos que hemos dejado pasar oportunidades en el pasado, siempre es un buen momento para comenzar de nuevo y explorar nuevos caminos.

En resumen, buscar nuevas oportunidades es un viaje emocionante y desafiante que nos permite descubrir pasiones ocultas y crecer como personas. Es importante confiar en nuestra intuición, superar nuestros miedos y rodearnos de personas que nos inspiren en este proceso de autoexploración.

Esperamos que esta reflexión sobre la importancia de buscar nuevas oportunidades haya ampliado tu perspectiva y encendido la chispa de la curiosidad en tu interior. A medida que continúes explorando las páginas de este libro, encontrarás más ideas, consejos y ejercicios prácticos que te ayudarán a sacar el máximo provecho de las nuevas oportunidades que se te presenten en la vida.

Recuerda, el viaje de reinventarse y buscar nuevas oportunidades es único para cada uno de nosotros. No importa dónde nos encontremos en este momento, siempre hay espacio para crecer, descubrir nuevas pasiones y vivir una vida llena de significado y propósito.

¡Te animamos a que sigas adelante, sin temor, y explores las infinitas oportunidades que te están esperando en tu camino de reinventarte y empezar de nuevo!

Capítulo 16: La importancia de la autenticidad

Abrazar nuestra autenticidad nos ayuda a vivir una vida coherente con nuestros valores y nos guía en nuestra búsqueda de una nueva versión de nosotros mismos. A lo largo de nuestras vidas, muchas veces nos perdemos en la búsqueda de la aceptación de los demás, tratando de encajar en moldes y poniendo de lado nuestro verdadero ser. Sin embargo, descubrir y abrazar nuestra autenticidad es un catalizador poderoso para el crecimiento personal y la transformación.

Cuando somos auténticos, estamos alineados con nuestro ser más genuino. Nos expresamos desde lo más profundo de nuestro corazón, sin las máscaras o las barreras que solemos utilizar para protegernos. Nos permitimos ser vulnerables y nos mostramos tal como somos, sin miedos ni juicio.

Esta autenticidad nos proporciona un sentido de liberación y nos conecta con nuestra esencia más pura. Nos sentimos en sintonía con nuestras necesidades, deseos y valores fundamentales. Al reconocer quiénes somos realmente, podemos construir una vida que esté en armonía con nuestra verdadera naturaleza.

Cuando vivimos una vida auténtica, somos más felices y plenos. No estamos atados por las expectativas de los demás o por las normas sociales impuestas. En lugar de eso, nos permitimos explorar nuestras pasiones, seguir nuestros sueños y tomar decisiones alineadas con nuestra propia brújula interna.

La autenticidad también es esencial en nuestra búsqueda de una nueva versión de nosotros mismos. Al enfrentar momentos de transformación y cambio, nuestro yo auténtico se convierte en nuestro mejor guía. Es a través de la autenticidad que podemos descubrir qué aspectos de nuestra vida actual encajan realmente con nosotros y cuáles necesitan ser reconstruidos.

Al abrazar nuestra autenticidad, también desarrollamos una mayor confianza y respeto por nosotros mismos. Nos aceptamos tal como somos, con nuestras virtudes y defectos. Comprendemos que nuestra autenticidad es nuestra mayor fortaleza y no debemos temer mostrarla al mundo.

Cuando nos permitimos ser auténticos, también inspiramos a otros a hacer lo mismo. Al estar en contacto con nuestra verdadera esencia, irradiamos una energía positiva y genuina, y esto puede provocar un efecto positivo en aquellos que nos rodean. Nuestra autenticidad puede ser un faro de luz para aquellos que buscan su propio camino hacia la autenticidad y la reinventarse.

Así que, queridos lectores, los invito a explorar su autenticidad y a abrazarla con valentía. Permitan que su verdadero ser brille y los guíe en su viaje de autodescubrimiento y transformación. No se preocupen por encajar en los moldes o las expectativas de otros, sino más bien busquen la coherencia y la alineación con sus valores y sueños más profundos.

En la segunda parte de este capítulo, profundizaremos aún más en los beneficios de ser auténticos y cómo podemos nutrir nuestra autenticidad en nuestro día a día. Pero por ahora, los dejo con estas reflexiones y la invitación a abrazar su verdadero ser.

Sin más, los animo a que sigan en este viaje de autenticidad y reinventarse. Nos encontraremos nuevamente en la segunda mitad de este capítulo, donde continuaremos explorando estas importantes ideas.

¡Hasta pronto! En esta segunda parte del capítulo, profundizaremos aún más en los beneficios de ser auténticos y en cómo podemos nutrir nuestra autenticidad en nuestro día a día. Pero antes de continuar, quiero recordarles que la autenticidad no significa ser perfectos o estar exentos de defectos. Todos tenemos nuestras imperfecciones y eso es parte de lo que nos hace auténticos.

Una de las formas en las que podemos nutrir nuestra autenticidad es practicando la honestidad con nosotros mismos. Esto implica tomar el tiempo para reflexionar sobre quiénes somos, qué nos define y qué queremos en la vida. Es importante escuchar nuestra voz interna y confiar en nuestras propias decisiones. No permitamos que los juicios o las expectativas de los demás dicten nuestras acciones y elecciones.

También es fundamental rodearnos de personas que nos acepten tal como somos y nos impulsen a ser auténticos. Busquemos amistades y relaciones basadas en la honestidad, la confianza y el apoyo mutuo. Evitemos relacionarnos con aquellos que nos presionan para ser algo que no somos o que nos critican constantemente.

Además, debemos aprender a valorar nuestras fortalezas y reconocer que cada uno de nosotros tiene algo único y especial para ofrecer al mundo. En lugar de compararnos con los demás, debemos enfocarnos en nuestro propio crecimiento y desarrollo personal. Celebremos nuestras diferencias y enfoquémonos en nuestras cualidades positivas.

Otro aspecto importante para nutrir nuestra autenticidad es cultivar la autoaceptación. Aceptemos tanto nuestras virtudes como nuestros defectos. Todos cometemos errores y es normal. En lugar de castigarnos por ellos, aprendamos de ellos y sigamos adelante. La autenticidad implica ser honestos con nosotros mismos, incluso en nuestras vulnerabilidades.

Asimismo, debemos ser conscientes de nuestras necesidades y establecer límites saludables. No tengamos miedo de decir "no" cuando sea necesario y de priorizar nuestro bienestar emocional y físico. A veces, en nuestra búsqueda de la aceptación de los demás, nos olvidamos de nosotros mismos. Es importante recordar que solo podemos nutrir nuestra autenticidad cuando estamos en un buen estado emocional y físico.

Finalmente, la autenticidad también implica vivir en coherencia con nuestros valores y principios. Definamos cuáles son nuestras creencias fundamentales y asegurémonos de tomar decisiones alineadas con ellas. Al hacerlo, nos sentiremos más auténticos y conectados con nuestro propósito en la vida.

En resumen, la autenticidad es un camino de autoexploración y autodescubrimiento que nos guía hacia una vida más plena y en armonía con nosotros mismos. Al abrazar nuestra auténtica esencia, nos liberamos de las expectativas externas y nos permitimos vivir de acuerdo con nuestros valores y sueños más profundos. La autenticidad nos conecta con nuestra esencia más pura y nos brinda un sentido de liberación y satisfacción.

Los animo a que continúen en esta travesía hacia la autenticidad y a que encuentren el coraje para ser ustedes mismos, sin miedo ni limitaciones. Permítanse brillar y guiar su propio viaje hacia la transformación y la reinversión. Recuerden, el mundo necesita su autenticidad y su capacidad única para inspirar a otros.

¡Hasta pronto, queridos lectores! Que su compromiso con la autenticidad los guíe hacia una vida plena y auténtica.

Capítulo 17: La necesidad del autocuidado

El autocuidado es esencial para mantener una buena salud física y mental en nuestro proceso de reinversión, asegurándonos de tener la energía necesaria para seguir adelante. En medio de nuestra ajetreada vida diaria, muchas veces olvidamos la importancia de dedicar tiempo y atención a nosotros mismos. Sin embargo, es crucial recordar que solo a través del autocuidado podemos enfrentar los desafíos que surgen al reinventarnos y lograr un equilibrio saludable en nuestra vida.

Cuando hablamos de autocuidado, no solo nos referimos a actividades físicas como comer bien y hacer ejercicio regularmente. Si bien estas prácticas son fundamentales para mantener nuestra salud física, también es necesario renovar nuestra mente y cuidar nuestras emociones para alcanzar un bienestar integral.

El estrés y las tensiones que experimentamos durante nuestro proceso de reinversión pueden afectar negativamente nuestra salud mental y emocional. El autocuidado nos brinda las herramientas necesarias para lidiar con estos desafíos y fortalecer nuestra capacidad de adaptación. Al reservar un tiempo para relajarnos y encontrar actividades que nos traigan alegría y paz interior, estamos construyendo una base sólida desde la cual enfrentar los obstáculos que se presenten en nuestro camino.

Es importante recordar que el autocuidado no debe considerarse como un lujo o una tarea secundaria. De hecho, es una necesidad vital para nuestro bienestar a largo plazo. El dedicar tiempo a nosotros mismos nos permite recargar nuestras energías y renovar nuestra mentalidad, lo cual nos ayuda a ser más resilientes y capaces de superar los momentos difíciles.

Cada persona tiene diferentes formas de practicar el autocuidado, ya sea a través de actividades como meditación, yoga, leer un libro o pasar tiempo en la naturaleza. Lo importante es encontrar aquellas prácticas que nos hagan sentir bien y nos ayuden a conectar con nosotros mismos. No hay una fórmula única para el autocuidado, ya que cada individuo tiene necesidades y preferencias diferentes. Lo esencial es cultivar la conciencia de que merecemos cuidarnos y hacerlo una prioridad en nuestra vida.

Al embarcarnos en nuestra búsqueda de reinventarnos, es fundamental recordar que no podemos servir a los demás desde un recipiente vacío. Si queremos impactar de manera positiva en el mundo y ayudar a quienes nos rodean, debemos cuidar de nosotros mismos primero. Esto no implica egoísmo o individualismo excesivo, sino simplemente reconocer que solo podemos ser verdaderamente útiles y compasivos cuando estamos en un estado de bienestar físico y mental.

Así que, antes de continuar explorando los desafíos y las estrategias para nuestra reinversión, detengámonos un momento y reflexionemos sobre la importancia del autocuidado en nuestras vidas. Recordemos que no hay recompensa en el éxito si nos sacrificamos hasta el punto de agotarnos. La clave para un proceso de reinversión exitoso es encontrar un equilibrio entre nuestras responsabilidades y nuestras necesidades personales.

En el siguiente capítulo, exploraremos algunas técnicas y consejos prácticos para incorporar el autocuidado en nuestra vida diaria. Descubriremos cómo pequeños cambios pueden marcar una gran diferencia y cómo cultivar una mentalidad de cuidado personal puede transformar nuestra forma de enfrentar los retos. ¡Prepárate para sumergirte en un viaje de autodescubrimiento y crecimiento mientras continúas explorando el arte de reinventarte!

En la segunda mitad de este capítulo, continuaremos explorando cómo podemos incorporar el autocuidado en nuestra vida diaria y cómo esto puede transformar nuestra forma de enfrentar los desafíos y retos que surgen al reinventarnos.

Una de las técnicas más efectivas para practicar el autocuidado es aprender a establecer límites saludables. Muchas veces, nos encontramos diciendo "sí" a todo y sobrecargándonos de responsabilidades, lo cual afecta nuestra salud física y mental. Es importante recordar que está bien decir "no" y priorizar nuestras necesidades. Establecer límites saludables nos permite conservar energía y tiempo para dedicarlo a nosotros mismos, lo cual es fundamental en nuestro proceso de reinversión.

Otra forma de practicar el autocuidado es a través de la búsqueda de actividades que nos brinden alegría y paz interior. Esto puede ser tan simple como tomar un baño relajante, escuchar música que nos gusta o pasar tiempo con seres queridos. Estas actividades nos ayudan a desconectar del estrés y las tensiones diarias, permitiéndonos recargar nuestras energías y renovar nuestra mentalidad.

Además, es fundamental aprender a escuchar nuestras necesidades emocionales y cuidar nuestra salud mental. Muchas veces, nos negamos a nosotros mismos el tiempo y espacio para procesar nuestras emociones, lo cual puede tener un impacto negativo en nuestra vida cotidiana. Practicar la autorreflexión y buscar apoyo emocional cuando lo necesitemos es esencial para mantener una salud mental equilibrada.

También debemos recordar que el autocuidado no se limita solo a nuestro tiempo libre, sino que podemos integrarlo en nuestras rutinas diarias. Por ejemplo, asegurarnos de descansar lo suficiente cada noche, comer de manera saludable y hacer ejercicio regularmente son prácticas básicas que contribuyen a nuestro bienestar físico y mental.

Parte del autocuidado implica aprender a gestionar el estrés de manera efectiva. Existen diferentes técnicas que podemos utilizar para ello, como la meditación, la respiración profunda y la práctica de ejercicios de relajación. Estas herramientas nos permiten manejar el estrés de manera más saludable y reducir sus efectos negativos en nuestra vida diaria.

Finalmente, es importante recordar que el autocuidado no debe ser algo que hagamos de forma ocasional, sino que debe ser una parte integral de nuestra vida. Cultivar una mentalidad de cuidado personal requiere compromiso y práctica constante. Enfocarnos en nuestro bienestar nos permitirá ser más resilientes, enfrentar los desafíos con mayor claridad y tener una actitud más positiva hacia nuestra reinversión.

En resumen, practicar el autocuidado es esencial para mantener una buena salud física y mental en nuestro proceso de reinversión. Es importante establecer límites saludables, buscar actividades que nos brinden alegría y paz interior, escuchar nuestras necesidades emocionales, integrar el autocuidado en nuestras rutinas diarias y aprender a gestionar el estrés de manera efectiva. Al hacer del autocuidado una prioridad en nuestras vidas, estaremos mejor equipados para enfrentar los desafíos y lograr un equilibrio saludable en nuestra búsqueda de reinventarnos.

Recuerda, tu bienestar y cuidado personal son fundamentales para lograr una vida plena y satisfactoria. ¡Sigue explorando el arte de reinventarte y disfruta del viaje de autodescubrimiento y crecimiento que te espera!

Capítulo 18: Celebrando los logros

Celebrar nuestros logros nos motiva y nos permite apreciar el progreso que hemos hecho en nuestro viaje de reinversión personal y profesional. No importa cuán pequeño o grande sea cada logro, cada uno tiene un significado especial en nuestro camino hacia la transformación.

Cuando decidimos reinventarnos, es vital reconocer y celebrar cada avance que logramos. Cada hito alcanzado, por más pequeño que parezca, es una señal de que estamos avanzando en la dirección correcta. Celebrar nuestros logros nos conecta con una sensación de satisfacción y éxito, impulsándonos a seguir adelante.

La celebración de nuestros logros nos brinda la oportunidad de reflexionar sobre el esfuerzo invertido y los obstáculos superados. Nos permite recordar momentos de valentía, resiliencia y determinación que nos han llevado hasta donde estamos hoy. Al hacerlo, nos fortalecemos y nos damos cuenta de lo mucho que hemos crecido en este proceso de reinversión.

Es importante destacar que la celebración no implica necesariamente un gran evento o una fiesta extravagante. Puede ser tan simple como darse un momento para reconocer y apreciar nuestro propio progreso. Podemos celebrar de muchas formas diferentes, ya sea compartiendo nuestros logros con seres queridos, premiándonos con algo especial o simplemente tomándonos un tiempo para disfrutar de la sensación de satisfacción que viene con cada hito alcanzado.

Al celebrar nuestros logros, también fomentamos una mentalidad positiva y la confianza en nuestras habilidades. Cada vez que reconocemos y valoramos lo que hemos logrado, reforzamos nuestra autoestima y nos recordamos a nosotros mismos que somos capaces de superar cualquier desafío que se presente en nuestro camino.

Además, la celebración de logros nos ayuda a mantener el impulso y la motivación necesarios para continuar con nuestro viaje de reinversión. Cuando nos tomamos el tiempo para celebrar nuestro progreso, renovamos nuestra energía y nos recordamos a nosotros mismos lo lejos que hemos llegado. Esta sensación de satisfacción nos brinda la fuerza y la determinación necesaria para seguir avanzando hacia nuestros objetivos.

Pero, ¿qué pasa si nos encontramos luchando por encontrar algo que celebrar? En esos momentos, es importante recordar que el progreso no siempre es lineal y que cada paso, incluso los que parecen pequeños o insignificantes, es significativo en nuestro viaje. A veces, el simple hecho de seguir adelante, a pesar de las dificultades, es un logro en sí mismo.

Así que, mientras continúas en tu camino de reinversión, tómate el tiempo para celebrar cada hito, por más pequeño que sea. Permítete disfrutar de la sensación de satisfacción y éxito que viene con cada logro alcanzado. Celebra el coraje, la perseverancia y la determinación que te han llevado hasta aquí.

Y así, en cada celebración, recuerda que este es solo el comienzo de tu viaje de reinversión. Los logros que has alcanzado hasta ahora son solo un vistazo de lo que está por venir. En la segunda mitad de este capítulo, exploraremos nuevas formas de celebrar nuestros logros y cómo utilizar estas celebraciones como punto de partida para seguir creciendo y conquistando nuestras metas. Por ahora, dejemos que esta sensación de satisfacción y excitación nos acompañe mientras esperamos ansiosamente el siguiente capítulo de nuestro viaje de reinversión. Al celebrar nuestros logros, abrimos una puerta hacia el futuro. Cada hito alcanzado es un avance en nuestro viaje de reinversión personal y profesional, y en la segunda mitad de este capítulo, exploraremos nuevas formas de celebrar y utilizar estas victorias como punto de partida para seguir creciendo y conquistando nuestras metas.

Una forma de celebrar nuestros logros es compartirlos con aquellos que nos rodean. Al hacerlo, no solo reconocemos y valoramos nuestro propio progreso, sino que también inspiramos y motivamos a otros en su propio camino de reinversión. Compartir nuestras historias de éxito puede inspirar a amigos, familiares y colegas a seguir perseverando en sus propios desafíos. Al ser transparentes y auténticos acerca de nuestros logros, creamos una comunidad de apoyo y aliento mutuo.

Otra manera de celebrar nuestros logros es premiarnos con algo especial. Después de dedicar tiempo y esfuerzo a nuestra transformación, es importante reconocer que nos hemos ganado un merecido descanso o regalo. Ya sea una escapada de fin de semana, una cena en nuestro restaurante favorito o simplemente tomarnos un tiempo para relajarnos y cuidar de nosotros mismos, la recompensa nos ayuda a recargar las energías y mantenernos enfocados en el camino. Cuidar de nuestro bienestar mental y emocional es fundamental para seguir adelante en nuestra búsqueda de la auto reinvención.

Además, la celebración de nuestros logros nos brinda la oportunidad de reflexionar sobre el camino recorrido y los obstáculos superados. Podemos recordar momentos de valentía, resiliencia y determinación que nos han llevado hasta donde estamos hoy. Al hacerlo, nos damos cuenta de lo mucho que hemos crecido en este proceso de reinversión y nos fortalecemos para enfrentar nuevos desafíos.

Sin embargo, recordemos que a veces podemos encontrarnos luchando por encontrar algo que celebrar. Es en esos momentos donde debemos ser comprensivos y amables con nosotros mismos. La auto reinvención no siempre es fácil y puede haber días en los que nos sintamos estancados o desanimados. Pero incluso en esas circunstancias, es importante recordar que cada paso, incluso los que parecen pequeños o insignificantes, tiene un valor significativo en nuestro viaje de transformación. Incluso el hecho de seguir adelante, a pesar de las dificultades, es un logro en sí mismo. Permítete celebrar esos momentos de perseverancia y resistencia, reconociendo el valor intrínseco que tienen en tu camino de reinversión.

En última instancia, al celebrar nuestros logros, alimentamos una mentalidad positiva y reforzamos nuestra confianza en nuestras habilidades. Cada vez que reconocemos y valoramos lo que hemos logrado, fortalecemos nuestra autoestima y nos recordamos a nosotros mismos que somos capaces de superar cualquier desafío que se presente en nuestro camino. La celebración de nuestros logros también nos proporciona la motivación y el impulso necesario para continuar avanzando hacia nuestros objetivos.

Así que, mientras continúas en tu camino de reinversión, tómate el tiempo para celebrar cada hito, por más pequeño que sea. Permítete disfrutar de la sensación de satisfacción y éxito que viene con cada logro alcanzado. Celebra el coraje, la perseverancia y la determinación que te han llevado hasta aquí. Recuerda que este es solo el comienzo de tu viaje de reinversión y que los logros que has alcanzado hasta ahora son solo un vistazo de lo que está por venir.

Quédate en este momento de celebración, dejando que la satisfacción y la emoción te acompañen mientras esperas con ansias el siguiente capítulo de tu viaje de autor reinvención.

Capítulo 19: Fomentando el aprendizaje continuo

La búsqueda constante de aprendizaje nos enriquece y nos impulsa a seguir evolucionando y reinventándonos a lo largo de nuestra vida. Nos conecta con la capacidad humana innata de adaptación y crecimiento, permitiéndonos explorar nuevas posibilidades y expandir nuestros horizontes. El arte de aprender es una herramienta poderosa que nos empodera y nos brinda la oportunidad de convertirnos en la mejor versión de nosotros mismos.

En un mundo en constante cambio, donde la tecnología avanza a pasos agigantados y las ideas se renuevan día a día, el aprendizaje continuo se convierte en una necesidad imperante. No podemos permitirnos quedarnos estancados en conocimientos obsoletos o formas de pensamiento limitantes. La mente humana es capaz de asimilar y procesar nueva información de manera constante, y es en esta capacidad que radica nuestra verdadera ventaja competitiva.

El aprendizaje no se limita únicamente a los años de estudio formal en la niñez y la juventud. El verdadero aprendizaje se nutre de experiencias y la voluntad de enfrentarse a nuevos desafíos. Es el resultado de la curiosidad, la pasión y el deseo de superarse constantemente. Cada encuentro con un nuevo tema, cada interacción con un desconocido, cada error cometido, todo ello nos brinda la oportunidad de aprender y crecer.

A medida que avanzamos en nuestro camino de aprendizaje, la humildad se convierte en una virtud esencial. Reconocer que siempre habrá algo nuevo por descubrir y que no somos dueños absolutos de la verdad nos permite abrirnos a diferentes perspectivas y enriquecer nuestras propias ideas y creencias. La mentalidad de aprendizaje nos ayuda a derribar barreras mentales y romper con los paradigmas que pueden limitar nuestra evolución personal.

Encontrar motivación para aprender de manera continua puede ser un desafío en sí mismo. La vida cotidiana y las responsabilidades pueden parecer abrumadoras, dejándonos con poco tiempo y energía para dedicarnos a nuestra propia formación. Sin embargo, debemos recordar que el aprendizaje es una inversión en nosotros mismos, en nuestro crecimiento y bienestar. Es un regalo que nos damos a nosotros mismos y que nos abre las puertas hacia nuevas oportunidades.

Afortunadamente, vivimos en una era en la que el conocimiento está al alcance de nuestras manos. La tecnología y la conectividad global nos brindan un acceso sin precedentes a un vasto océano de información. Los libros, las conferencias en línea, los cursos virtuales, las comunidades de aprendizaje en línea, todo está a nuestra disposición para continuar aprendiendo de manera constante.

Pero más allá de las herramientas y los recursos disponibles, el enfoque y la disciplina son los pilares fundamentales del aprendizaje continuo. Requiere de nuestra atención y compromiso para dedicar tiempo de calidad a nuestra formación personal. Establecer metas claras, trazar un plan de acción y ser persistentes en nuestra búsqueda de conocimiento nos permitirá avanzar en nuestro viaje de aprendizaje.

En resumen, el aprendizaje continuo nos proporciona el impulso necesario para reinventarnos y evolucionar constantemente a lo largo de nuestra vida. Nos permite salir de nuestra zona de confort y explorar nuevas experiencias, desafiando nuestras creencias y expandiendo nuestros horizontes. Recordemos que el aprendizaje es una aventura apasionante, una invitación constante a descubrir, aprender y crecer. Sigamos adelante en nuestro viaje de aprendizaje, sin límites ni barreras, con la certeza de que siempre habrá más por conocer y más caminos por recorrer.

El aprendizaje continuo nos invita a explorar y descubrir nuevas áreas de conocimiento, a desafiar nuestros límites y a cultivar nuestra curiosidad. Pero, ¿cómo podemos fomentar este hábito en nuestra vida diaria? ¿Cómo podemos garantizar que el aprendizaje no sea solo una actividad ocasional, sino una parte integral de nuestra existencia?

En primer lugar, es fundamental establecer metas claras y realistas para nuestro proceso de aprendizaje. Esto nos brinda una dirección clara y nos ayuda a mantenernos enfocados en nuestros objetivos. Ya sea aprender una nueva habilidad, profundizar en un campo específico o simplemente adquirir conocimientos generales, definir nuestras metas nos permite medir nuestro progreso y mantenernos motivados.

Además, debemos trazar un plan de acción concreto para alcanzar nuestras metas de aprendizaje. Esto implica diseñar un cronograma realista que nos permita dedicar tiempo de calidad a nuestra formación personal. Podemos establecer un horario específico para estudiar, investigar o participar en actividades relacionadas con nuestro interés de aprendizaje. La disciplina y la consistencia son clave para mantenernos comprometidos con nuestro proceso de aprendizaje.

Asimismo, es importante aprovechar las diversas herramientas y recursos que tenemos a nuestra disposición. La tecnología nos brinda una amplia gama de opciones, como libros electrónicos, cursos en línea, podcasts, videos educativos y aplicaciones móviles, que nos permiten aprender de manera flexible y adaptada a nuestras necesidades y preferencias. Estas herramientas nos ayudan a aprovechar nuestro tiempo al máximo y nos permiten aprender en cualquier momento y lugar.

Sin embargo, en nuestra búsqueda del conocimiento, no podemos olvidar la importancia de las relaciones humanas. El aprendizaje también se enriquece a través del intercambio y la colaboración con otros. Participar en comunidades de aprendizaje en línea, unirnos a grupos de estudio o asistir a conferencias y talleres nos brinda la oportunidad de conectarnos con personas con ideas afines y ampliar nuestro horizonte. A través del diálogo y la discusión, podemos obtener diferentes perspectivas y enriquecer nuestro propio entendimiento.

Además, es esencial cultivar una mentalidad abierta y receptiva al aprendizaje. Debemos estar dispuestos a desaprender y cuestionar nuestras propias creencias y suposiciones. La humildad juega un papel fundamental en este proceso, ya que reconocer que siempre hay más por aprender nos ayuda a superar nuestros propios límites mentales y abrirnos a nuevas posibilidades.

El aprendizaje continuo también implica la disposición de salir de nuestra zona de confort y enfrentarnos a nuevos desafíos. Debemos experimentar, probar cosas nuevas y permitirnos cometer errores. A través de cada experiencia, ya sea un éxito o un fracaso, podemos aprender lecciones valiosas que nos ayudarán a crecer y evolucionar como individuos.

Finalmente, recordemos que el aprendizaje continuo es un viaje sin fin, no un destino final. No existe un punto en el que podamos decir que hemos aprendido lo suficiente. Siempre habrá áreas de conocimiento que desconocemos y siempre habrá nuevas habilidades por adquirir.

En resumen, fomentar el aprendizaje continuo en nuestras vidas requiere de metas claras, un plan de acción concreto, el uso adecuado de las herramientas tecnológicas, el intercambio con otras personas, una mentalidad abierta y la voluntad de enfrentar desafíos. Como hombres y mujeres, estamos llamados a aprovechar esta oportunidad de crecimiento y superación personal. Sigamos adelante en nuestro camino de aprendizaje, con la seguridad de que cada paso que damos nos acerca a convertirnos en la mejor versión de nosotros mismos.

El viaje de aprendizaje nunca termina, y es en esta búsqueda constante donde encontraremos la verdadera satisfacción y realización personal. Es hora de abrazar el poder transformador del aprendizaje continuo y permitirnos reinventarnos una y otra vez. Continuemos escribiendo nuestra historia, descubriendo nuevos horizontes y compartiendo nuestro conocimiento con el mundo. El arte de reinventarse comienza con el arte de aprender. ¡Sigamos aprendiendo y creciendo juntos!

Capítulo 20: El poder de reinventarse

La capacidad de reinventarse nos permite descubrir nuestra verdadera grandeza y alcanzar una vida llena de propósito, plenitud y felicidad. En un mundo en constante cambio, aquellos que se resisten a adaptarse y evolucionar, se quedan atrapados en una rutina que no les permite crecer. Sin embargo, aquellos valientes que se atreven a reinventarse descubren un mundo lleno de oportunidades y posibilidades infinitas.

El proceso de reinventarse es una travesía emocional que nos lleva a explorar diferentes aspectos de nuestra identidad y a descubrir áreas de mejora. A lo largo de nuestra vida, nos enfrentamos a diversos desafíos y situaciones que ponen a prueba nuestra capacidad de adaptación. En esos momentos cruciales, tenemos dos opciones: quedarnos estancados en nuestra zona de confort o abrazar la incertidumbre y permitir que la transformación suceda.

Reinventarse no es un camino fácil. Requiere valentía, perseverancia y una profunda autorreflexión. Es necesario cuestionarse nuestras creencias limitantes y estar dispuestos a despojarnos de lo que ya no nos sirve. Al dejar atrás lo conocido, nos abrimos a nuevas perspectivas y oportunidades que pueden transformar nuestra vida de maneras inimaginables.

La capacidad de reinventarse también implica abrazar el cambio externo. Vivimos en una sociedad en constante transformación, donde los avances tecnológicos y los cambios socioeconómicos nos retan a adaptarnos rápidamente. Aquellos que se resisten a aceptar estos cambios se quedan rezagados, mientras que aquellos que los abrazan encuentran novedosas formas de crecimiento y desarrollo.

Pero la verdadera grandeza de reinventarse radica en descubrir nuestra propia esencia. Al desprendernos de las expectativas y opiniones de los demás, nos permitimos explorar quiénes somos en realidad. En esta búsqueda interior, podemos encontrar pasiones olvidadas, talentos ocultos y sueños por cumplir. El poder de reinventarse nos conecta con nuestro propósito y nos brinda la oportunidad de vivir una vida auténtica y significativa.

A medida que nos reinventamos, también debemos estar dispuestos a atravesar momentos de incertidumbre e incomodidad. Es fácil caer en la tentación de regresar a lo conocido y familiar, pero eso solo nos llevará a estancarnos una vez más. La verdadera transformación requiere de coraje y resiliencia. Nos enfrentaremos a obstáculos y fracasos, pero al levantarnos y seguir adelante, descubriremos nuestra capacidad de superar cualquier adversidad.

Reinventarse no solo beneficia nuestra vida individual, sino que también deja un legado para las generaciones futuras. Al atravesar nuestro propio proceso de transformación, inspiramos a otros a hacer lo mismo. Nuestro ejemplo les muestra que pueden alcanzar la grandeza y vivir una vida plena, sin importar cuántos obstáculos se interpongan en su camino.

En resumen, la capacidad de reinventarse es un poderoso motor que impulsa nuestra vida hacia la grandeza y la plenitud. Al abrazar el cambio, explorar nuestra verdadera esencia y enfrentar los desafíos con valentía, nos damos la oportunidad de vivir una vida llena de propósito y felicidad. Así que, ¿estás dispuesto a reinventarte y descubrir tu propio potencial? El viaje apenas comienza...El proceso de reinventarse implica enfrentar desafíos internos y externos, pero cada obstáculo superado nos lleva un paso más cerca de descubrir nuestra verdadera grandeza. A medida que nos sumergimos en esta travesía de autodescubrimiento, debemos recordar que somos capaces de superar cualquier adversidad y alcanzar una vida llena de propósito y felicidad.

Una vez que nos permitimos explorar nuestra verdadera esencia, podemos comenzar a desenterrar pasiones olvidadas. Tal vez en nuestro afán por adaptarnos a las expectativas de los demás, hemos dejado de lado aquello que realmente nos apasiona. Es hora de volver a conectarnos con esas pasiones y encontrar la manera de incorporarlas en nuestra vida diaria. Ya sea a través de un cambio de carrera, un proyecto personal o incluso simplemente dedicando más tiempo a las actividades que nos llenan de alegría, recuperar nuestras pasiones nos ayudará a vivir una vida auténtica y significativa.

Además de las pasiones, también es importante explorar y desarrollar nuestros talentos ocultos. Todos poseemos habilidades únicas y dones especiales, pero con frecuencia los dejamos sin uso por miedo al fracaso o al juicio de los demás. Sin embargo, al reinventarnos, nos damos el permiso de explorar y desarrollar nuestros talentos, incluso si eso significa salir de nuestra zona de confort. Al hacerlo, nos sorprenderemos de las habilidades que emergen y de la satisfacción que obtenemos al utilizar al máximo nuestro potencial.

Pero el proceso de reinventarse no se trata solo de descubrir nuestras pasiones y talentos, también implica enfrentar momentos de incertidumbre e incomodidad. Se presentarán desafíos y obstáculos en el camino, pero es importante no permitir que nos desanimen. Cada dificultad es una oportunidad para aprender y crecer, y al superarlas, nos fortalecemos emocional y mentalmente. La resiliencia es una cualidad fundamental en este proceso de transformación, ya que nos permite levantarnos una y otra vez, incluso cuando parece que todo está en contra nuestra.

A medida que avanzamos en nuestra travesía de reinventarnos, también impactamos positivamente en las vidas de quienes nos rodean. Nuestro ejemplo inspira a otros a buscar su propia grandeza y a vivir una vida plena. Las generaciones futuras se beneficiarán de nuestra valentía y resiliencia al enfrentar los cambios y desafíos de la vida. Seremos recordados como aquellos que eligieron no quedarse estancados en una rutina mediocre, sino que se atrevieron a crear un camino propio y significativo.

Entonces, hombres y mujeres valientes, los animo a abrazar el poder de reinventarse. A pesar de los obstáculos y el miedo al cambio, confíen en su propia capacidad para transformar su vida. Descubran su verdadera grandeza, exploren sus pasiones y talentos, enfrenten los desafíos con resiliencia y brinden un legado inspirador a las generaciones futuras.

La vida está llena de oportunidades infinitas para aquellos que se atreven a reinventarse. ¿Están dispuestos a dar ese primer paso en la travesía hacia una vida llena de propósito y felicidad? El viaje apenas comienza, pero el poder de reinventarse les espera para transformar sus vidas de maneras extraordinarias. ¡Adelante, valientes, el futuro está en sus manos!

Descargo de Responsabilidad

IMPORTANTE: Por favor, lea este descargo de responsabilidad en su totalidad antes de usar este eBook.

Este eBook está destinado únicamente a fines informativos y educativos. El autor y el editor de este eBook y los materiales asociados han hecho todo lo posible para garantizar que la información proporcionada sea precisa y útil. Sin embargo, el contenido se proporciona "tal cual" sin garantía de resultados completos, precisión o la ausencia de errores.

Limitación de Responsabilidad

El autor y el editor de este eBook y los materiales relacionados no serán responsables por ningún daño directo, indirecto, incidental, consecuente o punitivo que surja del acceso, uso o imposibilidad de usar este eBook, o cualquier error u omisión en el contenido del mismo.

Este descargo de responsabilidad se aplica a cualquier daño o lesión causada por cualquier falla de rendimiento, error, omisión, interrupción, eliminación, defecto, retraso en la operación o transmisión, virus informático, falla de la línea de comunicación, robo o destrucción o acceso no autorizado, alteración o uso del registro, ya sea por incumplimiento de contrato, comportamiento tortuoso, negligencia o bajo cualquier otra causa de acción.

Derechos de Autor y Uso del Contenido

El contenido de este eBook es propiedad del autor y está protegido por las leyes de derechos de autor internacionales y nacionales. El autor concede a los compradores de este eBook una licencia no exclusiva para ver, copiar e imprimir el contenido del eBook para uso personal y no comercial solamente.

No está permitido reproducir, transmitir o distribuir cualquier parte de este eBook en cualquier forma o por cualquier medio, electrónico o mecánico, incluyendo fotocopiado, grabación o cualquier sistema de almacenamiento y recuperación de información, sin permiso por escrito del autor, excepto para el uso de citas breves en una reseña.

No es un Consejo Profesional

La información contenida en este eBook no pretende ser un consejo profesional. Los lectores deben buscar el asesoramiento de profesionales calificados antes de actuar con respecto a los temas mencionados aquí.

Modificaciones al eBook

El autor y el editor se reservan el derecho de modificar o retirar cualquier parte de este eBook o los materiales asociados a su discreción en cualquier momento sin previo aviso.

Consentimiento

Al usar este eBook, usted indica su aceptación de este descargo de responsabilidad. Si no está de acuerdo con este descargo de responsabilidad, por favor no utilice el eBook.

Don't miss out!

Visit the website below and you can sign up to receive emails whenever Gonzalo Estrada publishes a new book. There's no charge and no obligation.

https://books2read.com/r/B-A-OZBBB-HDFQC

BOOKS2READ

Connecting independent readers to independent writers.

Did you love *Volver a Empezar; el arte de reinventarse*? Then you should read *Analiza Resuelve Ejecuta*[1] by Gonzalo Estrada!

[2]

Descubre el poder transformador de la Estrategia A. R. E. (Análisis, Resolución del Problema y Ejecución) y desata todo tu potencial como emprendedor. En este libro, Gonzalo Estrada te lleva de la mano a través de un viaje fascinante hacia el éxito empresarial y la construcción de un patrimonio sólido. Con 19 capítulos repletos de consejos prácticos, ejemplos inspiradores y herramientas probadas, aprenderás a dominar cada etapa crucial del proceso empresarial.

Desde la importancia del análisis y la identificación de oportunidades hasta la creatividad en la resolución de problemas y la planificación meticulosa de la ejecución, cada capítulo te acerca más a convertirte en un verdadero generador de ingresos y a alcanzar tus metas

---

1. https://books2read.com/u/m0aGOM

2. https://books2read.com/u/m0aGOM

financieras. Aprenderás a superar el miedo al fracaso, a tomar acción de manera inmediata, a seguir un plan de seguimiento y ajuste, y a mantener una persistencia y consistencia que te llevarán a nuevos niveles de éxito.

Además, descubrirás la importancia de la automatización y escalabilidad, la delegación efectiva de tareas, la administración del tiempo y la mentalidad emprendedora que marcan la diferencia entre un negocio promedio y uno excepcional. Con ejemplos reales de casos hipotéticos y aplicaciones prácticas en diferentes áreas, este libro es una guía completa para aquellos que desean salir adelante de sus deudas, formar un patrimonio y triunfar en el mundo de los negocios.

Si estás listo para transformar tu mentalidad empresarial, dejar atrás las limitaciones y alcanzar el éxito que siempre has deseado, ¡entonces este libro es para ti! Empieza hoy mismo tu viaje hacia el éxito con la Estrategia A. R. E. y conviértete en el empresario que siempre has soñado ser.

Also by Gonzalo Estrada

Self Healing
Visualiza tu Éxito
Cultivando Líderes
Afirmaciones y Empoderamiento
Semillas de Cambio
Cómo convertir TikTok en una máquina de hacer dinero
Cómo hacer dinero con Pinterest
Cómo hacer un ensayo
Cómo Pedir un Aumento de Sueldo
Currículo Poderoso
Entrenamiento sin Violencia
Entrevista Laboral
Gana Dinero con X (Twitter)
Ganar Masa Muscular
Volver a Empezar; el arte de reinventarse
Analiza Resuelve Ejecuta
Aromatherapy, The natural path to your pet´s well being
Holistic Feeding
The ABC of Educating Your Pet
The Art of Cosmic Connection
The Art of Feng Shui applied to your Pets
From Scarcity to Abundance
The English Bulldog in The Family
The French Bulldog
Therapeutic Massages for Pets

www.ingramcontent.com/pod-product-compliance
Lightning Source LLC
Chambersburg PA
CBHW060444160726
47992CB00003B/1063